15 dias de oração com
Chiara Luce

COLEÇÃO **15** DIAS DE ORAÇÃO

15 dias de oração com Charles de Foucauld – Michel Lafon

15 dias de oração com Chiara Luce – Florence Gillet

15 dias de oração com Etty Hillesum –
Pierre Ferrière e Isabelle Meeûs-Michiels

15 dias de oração com Faustina Kowalska – Patrice Chocholski

15 dias de oração com São João da Cruz – Constant Tonnelier

FLORENCE GILLET

15 dias de oração com
Chiara Luce

Dados Internacionais de Catalogação na Publicação (CIP)
(Câmara Brasileira do Livro, SP, Brasil)

Gillet, Florence
  Quinze dias de oração com Chiara Luce / Florence Gillet ; [tradução
Paulo F. Valério]. – São Paulo : Paulinas, 2015. – (Coleção 15 dias de
oração)

  Título original: Prier 15 jours avec Chiara Luce.
  ISBN 978-85-356-3911-7

  1. Católicos - Itália - Biografia 2. Luce, Chiara, 1971-1990 3.
Orações 4. Vida espiritual - Igreja Católica I. Título. II. Série.

15-02684   CDD-242.2

Índice para catálogo sistemático:
1. Orações : Vida cristã : Cristianismo   242.2

Título original da obra: *Prier 15 jours avec Chiara Luce Badano*
© Nouvelle Cité, 2013. Domaine d'Arny 91680 Bruyères-le-Châtel.

1ª edição – 2015

Direção-geral:	Bernadete Boff
Editora responsável:	Maria Goretti de Oliveira
Tradução:	Paulo F. Valério
Copidesque:	Mônica Elaine G. S. da Costa
Coordenação de revisão:	Marina Mendonça
Revisão:	Ana Cecilia Mari
Gerente de produção:	Felício Calegaro Neto
Diagramação e capa:	Manuel Rebelato Miramontes

Nenhuma parte desta obra poderá ser reproduzida ou transmitida
por qualquer forma e/ou quaisquer meios (eletrônico ou mecânico,
incluindo fotocópia e gravação) ou arquivada em qualquer sistema ou
banco de dados sem permissão escrita da Editora. Direitos reservados.

Paulinas
Rua Dona Inácia Uchoa, 62
04112-020 – São Paulo – SP (Brasil)
Tel.: (11) 2125-3500
http://www.paulinas.org.br – editora@paulinas.com.br
Telemarketing e SAC: 0800-7010081
© Pia Sociedade Filhas de São Paulo – São Paulo, 2015

Sumário

Quem é Chiara Luce Badano...7

Prólogo 13

Siglas 17

1º dia: Jesus, companheiro de viagem 19

2º dia: Era Jesus em Bruno...25

3º dia: Amigos diferentes..31

4º dia: Deus me ama imensamente 37

5º dia: Sincronizados em Deus.....................................43

6º dia: Dar 49

7º dia: Um caminho de liberdade 55

8º dia: É Jesus abandonado 61

9º dia: Minha vida se transformou................................67

10º dia: Além da ferida 73

11º dia: A fé de Chiara Luce 79

12º dia: Sabedoria e luz 85

13º dia: Um povo em marcha.......................................91

14º dia: Onde reina o amor recíproco 97

15º dia: Fruto abundante..103

Para ir mais longe...109

Quem é Chiara Luce Badano

Chiara Luce Badano nasce no dia 29 de outubro de 1971 em Sassello, pequeno vilarejo de Ligúria (Norte da Itália), nos confins do Piemonte, sobre a vertente norte dos Apeninos lígures. É a primeira e única filha de um casal que a esperou durante onze anos.

Seu povoado natal, que conta com menos de 2 mil habitantes, é um lugar de veraneio, apreciado pelos habitantes das cidades vizinhas de Savona e de Gênova por causa de sua beleza e de seu clima. A pequena Chiara (Chiarinha, como muitos a chamam), mimada por todos da família – avós, tios e tias –, ama seu povoado, a que ela chama de sua "pequena Suíça", seus biscoitos doces (*macarons*) confeccionados em seis fábricas e distribuídos em toda a Itália e seus cogumelos, que ela vai procurar no mês de agosto.

Seus pais – pai caminhoneiro, mãe dona de casa – querem muito bem à sua filha e lhe inculcam uma educação que, sem ser rígida, está longe de ser permissiva. Ela, como todas as crianças, tem seus altos e baixos, seus momentos de obediência e de desobediência, seus pequenos sofrimentos. Mais possui um temperamento feliz, exterioriza seus sentimentos, é generosa.

Bem pequenina, por volta dos 4 anos, ela dá seus mais belos brinquedos às crianças pobres. Com a idade de 7 ou 8 anos, tendo sabido que as crianças morrem de fome na

África, decide ajudá-las e doa suas poucas economias para esse fim.

Os grandes horizontes que seu povoado não lhe podia abrir, ela os encontra em 1980, quando uma senhora fala à sua mãe sobre crianças que se reúnem para estudar o Evangelho. São reuniões para jovens de 9 a 16 anos, chamados de Gen 3 (terceira geração), do movimento dos Focolari. Trata-se de um movimento de Igreja, nascido em 1943, de uma jovem de Trento, Chiara Lubich (1920-2008), que se difundiu rapidamente na Itália, em seguida na Europa e, a partir do fim dos anos 1950, na América. Hoje, espalhou-se pelo mundo inteiro. Chiarinha sentiu-se imediatamente atraída pela forma de vida proposta: colocar Deus no centro de sua vida e viver de maneira concreta o amor ao próximo, o mandamento novo do amor recíproco. Um projeto imenso abre-se diante dela: viver "para que todos sejam um" (Jo 17,21).

Em maio de 1981, no Palácio dos Esportes, em Roma, uma grande manifestação reúne as famílias desse movimento. Chiara Badano está presente com seus pais, Ruggero e Maria Teresa. Para toda a família, trata-se de um momento decisivo. Pouco depois, os pais também se engajarão no Movimento.

Naquele verão, ela vai completamente sozinha a sua primeira Mariápolis, uma reunião de vários dias, aberta a todos, para estudo do Evangelho. Chiarinha não participa dos encontros dos adultos, mas fica em um lugar à parte e com um programa diferente, juntamente com outras meninas. Ali ela ouve falar do desafio que Chiara Lubich havia lançado aos jovens da Gen 3 de serem uma "geração de santos", acrescentando: "Para transformar o mundo, não bastam os técnicos, os cientistas e os políticos. É preciso sábios, é preciso santos" (EG3, 22). Chiara fez sua escolha.

Ela ouve também falar do Cristo crucificado, especialmente no momento de seu maior sofrimento – o abandono do Pai. Com efeito, Chiara Lubich ousou encaminhar seus filhos rumo ao coração da vida cristã, o crucificado-ressuscitado, a quem podemos exprimir nosso amor abraçando-o nos sofrimentos da vida cotidiana. Chiara Badano, com todo o frescor de seus 9 anos, começa a experimentar – são suas próprias palavras, como diria depois – que "o sofrimento superado liberta". Em junho de 1983, ela comunica a Chiara Lubich sua resolução de considerar Jesus abandonado "como seu esposo".

Ela terá uma relação epistolar substanciosa com aquela a quem chama "mamãe", considerando-a sua "mãe espiritual". Aos 11 anos de idade, ela lhe escreve: "Chiara, não encontro palavras para agradecer-lhe, mas sei que devo tudo a você e a Deus".

Sua adolescência é caracterizada por amizades, pelo esporte que pratica, pelas leituras, pela participação nos encontros dos Focolari. As reuniões são feitas inicialmente a duas pessoas: Chicca Coriasco, alguns anos mais velha do que ela e que se tornará sua amiga inseparável, e Chiarinha. Logo uma terceira irá juntar-se a elas. A referência é o focolare de Gênova, que organiza ocasionalmente pequenos congressos para todos os Gen 3 da região e onde uma jovem, chamada de assistente, fornece o material de formação e, sobretudo, mantém contato com cada uma. Com ela, Chiara é sincera e lhe comunica suas pequenas provações, suas tentações, bem como seus atos de amor por "Jesus abandonado".

Em 1982, ela começa o ensino secundário, que termina em junho de 1985, com menção satisfatória. Ela escolhe o liceu clássico e inscreve-se em Savona, em setembro. Para facilitar-lhe a frequência às aulas, seus pais decidem instalar-se nessa cidade. Deixar sua "pequena Suíça" parece-lhe uma renúncia acima de suas forças. Ela toma a decisão e, no liceu, acrescenta-se uma dificuldade com uma professora, devida provavelmente ao temperamento desta; de modo que, no fim do ano escolar de 1985-1986, ela deve render-se à evidência: é preciso repetir o ano.

Em setembro de 1987, ela começa seu segundo ano no liceu, que não é particularmente brilhante, visto que, durante o verão de 1988, fica de recuperação em algumas matérias.

Algumas semanas antes de seus 17 anos, começando seu terceiro ano do liceu, o inesperado: durante uma partida de tênis, ela sente uma forte dor nas costas. Os médicos não se preocupam muito com isso, julgando tratar-se de uma distensão muscular. Somente nos primeiros dias de fevereiro de 1989 é que o terrível diagnóstico foi pronunciado: osteossarcoma, um câncer dos ossos, extremamente agressivo.

1989 – Operada em Turim, em fevereiro, ela volta para casa ainda sem saber da gravidade de sua doença. Contudo, no dia 14 de março, quando ela começa a quimioterapia, na seção de oncologia, o choque. Naquele dia, ela dirá em plena consciência "sim" a Jesus em seu abandono, um "sim" repetido a cada imprevisto da doença que vai assinalar todo o seu percurso até a morte. A vontade de Deus, não somente aceita mas querida, será o *leitmotiv* desses longos meses de enfermidade, de sofrimentos atrozes: "Se tu o queres, Jesus, eu também o quero".

Em maio, ela perde definitivamente o controle das pernas. No dia 5 de junho, submete-se à nova operação de laminectomia dorsal. No dia 19 de julho, é vítima de uma hemorragia interna, e os médicos comunicam aos pais que é o fim. No entanto, ela se recupera, e nos meses seguintes o tumor parece conceder-lhe um pouco de descanso.

No dia 29 de outubro, ela comemora seus 18 anos, rodeada de familiares e de amigos, em uma atmosfera de festa. Dois meses mais tarde, na antevéspera do Natal, tem uma crise e é novamente hospitalizada. A ideia de passar o Natal no hospital desconcerta-a inicialmente, mas se refaz e se "esforça para amar Jesus". Ela confessa candidamente esse esforço ao cardeal arcebispo de Turim, em visita ao hospital, no dia 24 de dezembro, quando este lhe pergunta a razão da paz que irradia do seu rosto.

No dia 30 de dezembro, Chiara Lubich, em resposta a uma de suas cartas, mostra-lhe uma palavra que irá modelar sua vida, tirada do evangelho de João: "Aquele que permanece em mim e eu nele produz muito fruto, porque, sem mim, nada podeis fazer" (Jo 15,5). "Eu a sinto verdadeiramente minha", escreverá ela a Chiara Lubich.

1990 – No dia 24 de janeiro, uma operação sem aviso prévio se mostrará completamente inútil e, nos meses que se seguem, Chiarinha sente dores terríveis nas pernas. Em junho, ela volta definitivamente para casa. Ali é que, no dia 26 de julho, recebe um nome novo, dado por Chiara Lubich: Luce, que significa luz. Ao redor de seu leito, ou no jardim da casa, um vaivém incessante de visitantes que lhe vêm prestar pequenos serviços, inteirar-se das novidades, dar-lhe um bom-dia ou um presentinho, confortar seus pais. "Nós não sabíamos quem de nós era doente, se ela ou nós", perguntavam-se os frequentadores da casa Badano (Summ. 48).

Durante esses dois anos de sofrimento, Chiara Luce Badano foi acompanhada por seu bispo, pelos padres da paróquia, pelos membros do movimento Focolari e, sobretudo, por seus pais. Juntos, eles tudo fazem para não perder nenhuma ocasião de amar e para permanecer enraizados no amor daquele momento. O amor dela por Jesus purifica-se cada dia: oferecendo seus sofrimentos, recusa a morfina que lhe "tolhe a lucidez", visto que ela "dispõe apenas deles [sofrimentos] para oferecer a Jesus". Ao seu redor, tudo fala de vida, de eternidade. Quando ela sente a proximidade da morte, prepara minuciosamente suas exéquias. Doravante, considera sua morte como a plenitude de suas núpcias com seu Esposo: eis por que quer vestir um vestido de noiva. Confeccionado por uma amiga da família, ela pede que a inseparável Chicca o experimente. Juntas, escolhem e ensaiam os cantos. Suas últimas palavras são sussurradas ao ouvido de sua mãe: "Seja feliz, porque eu sou". Ela extingui-se na aurora do dia 7 de outubro de 1990.

Ao seu sepultamento, presidido pelo bispo D. Lívio Maritano, acorreram mais de 2 mil pessoas. Começa, então, sua fama póstuma. Muitos querem seguir seu exemplo luminoso, sentem-se ajudados por ela a crescer na fé. Rapidamente sua irradiação ultrapassa a Itália e a Europa, chegando à África, onde já alguns dispensários trazem seu nome.

No dia 11 de junho de 1999, abre-se a investigação diocesana de seu processo de beatificação, solicitado por seu bispo. Será concluído dois anos mais tarde, após a audição de 72 testemunhas. No dia 3 de julho de 2008, Bento XVI reconhece suas virtudes heroicas e a declara venerável. No dia 19 de dezembro de 2009, o decreto de aprovação do milagre atribuído a sua intercessão abre caminho para a beatificação, que aconteceu no dia 25 de setembro de 2010, em um santuário mariano nos arredores de Roma, na presença de 12 mil pessoas, dentre as quais muitos jovens.

Prólogo

Ao longo destes meses de familiaridade assídua com Chiara Luce Badano para escrever este livro, cheguei à convicção de que essa menina tão jovem, nossa contemporânea, uma de nós, sem uma consagração particular na Igreja a não ser a de seu Batismo, que a fez ter acesso ao sacerdócio real, é, antes de tudo, alguém que soube ser discípula de Jesus Cristo. Uma discípula que se pôs à escuta, quis aprender e confiou. Uma discípula que se conformou a seu Mestre a ponto de ser assimilada nele. Hoje, através de Chiara Luce Badano, Deus concede-nos o dom de nos dizer novamente que todo ser humano é chamado a reproduzir a imagem de seu Filho e a tornar-se seu filho bem-amado no Filho.

Durante toda a sua vida, e particularmente durante os dois anos de sua enfermidade, Chiara Luce uniu-se intimamente a Cristo, viveu de maneira exemplar a vocação do cristão de se conformar aos sentimentos de Jesus (cf. Fl 2,5). Em razão dessa experiência extraordinária, Chiara Luce tem algo a dizer-nos e, filha no Filho, sua palavra é crível e podemos escutá-la.

Chiara Luce evoluiu em um contexto bem preciso, o do movimento dos Focolari, que lhe propunha um caminho de vida que ela assumiu sem meias medidas. Para compreender bem o conteúdo e a extensão de suas palavras e de seus atos, por vezes será necessário situá-los dentro da espiritualidade dos Focolari, e explicitar a raiz e a densidade de sua mensagem.

Por outro lado, a vida de Chiara Luce é modelada pela Palavra de Deus, da qual ela é um eco admirável. Um dos traços principais de seus comentários será amplificar essa referência à Palavra e acolher, para além dela mas graças a ela, Deus em sua Palavra.

Deixando-se transfigurar em Jesus, ela teve dele um conhecimento privilegiado, uma fé clara e viva, que convulsionou muitos dentre os que a conheceram. Alguns comentários tentarão, com a ajuda do Credo (ou Símbolo dos Apóstolos), explicar o que ela acreditou, interrogando, de um lado, sua atitude diante do mistério, a atitude de "crer", e, de outro, sua própria compreensão da fé.

Se o coração da fé cristã, seu núcleo essencial, é a ressurreição de Cristo, Chiara Luce aparece, sobretudo, como uma testemunha de que ele realmente ressuscitou, vivendo, ela própria, principalmente durante seus últimos meses, como "ressuscitada com Cristo" (Ef 2,6; Cl 3,1). Os capítulos de 8 a 11 são aqueles em que irrompe particularmente sua fé, ao passo que os sete primeiros ilustram antes o percurso humano e espiritual que antecedeu a doença e nos oferecem uma chave de sua espiritualidade. Os últimos capítulos apresentam outro aspecto de sua vida espiritual, o aspecto eclesial, comunitário, e são um corolário indispensável de sua união com o Crucificado Ressuscitado (12º e 15º dia).

Como ela chegou a essa fé tão viva, e o fim desse processo, eis o que tentaremos traçar neste livrinho.

Ao acompanhar-nos ao longo deste percurso, que Chiarinha possa ajudar-nos a amar melhor, a crer melhor e a saborear a alegria indizível de fazer parte daqueles cuja fé não é vã, pois são as testemunhas de que Jesus ressuscitou verdadeiramente.

Siglas

Bíblia

As citações bíblicas são tiradas da Tradução Ecumênica da Bíblia (TEB), salvo quando especificado que se trata da Bíblia de Jerusalém (BJ).

Documentos da Igreja

LG – Constituição Dogmática sobre a Igreja do Concílio Vaticano II (*Lumen gentium*)

NMI – João Paulo II, Carta Apostólica *Novo millenium ineunte*, de 6 de janeiro de 2001.

Fontes dos escritos e das palavras citadas de Chiara Luce Badano

Inf. – Informatio super virtutibus, in *Congregatio De Causis Sanctorum Beatificationis et Canonizationis Servae Dei Clarae Badano, Positio super vita, virtutibus et fama sanctitatis*, vol. 1, Roma, 2004.

Summ. – Summarium super virtutibus, in *Congregatio De Causis Sanctorum, Beatificationis et Canonizationis Servae*

Dei Clarae Badano, Positio super vita, virtutibus et fama sanctitatis, vol. 1, Roma, 2004.

P2 – *Biographia documentata in Congregatio De Causis Sanctorum, Beatificationis et Canonizationis Servae Dei Clarae Badano, Positio super vita, virtutibus et fama sanctitatis*, vol. 2, Roma, 2004.

Inéditos – Cartas inéditas endereçadas por Chiara Luce Badano e por Chicca Coriasco à assistente Gen 3 de Gênova, relatando de maneira detalhada seus encontros.

Obras de Chiara Lubich

DCH – *Dieu, cœur de l'homme*, Nouvelle Cité, 1979.

EG3 – *Génération Arc-en-ciel, Entretiens avec les Gen 3*, Nouvelle Cité, 1996.

LPT – *Lettre des premiers temps*, 1943-1949, introdução, apresentação e escolha de textos por F. Gillet e G. D'Alessandro, Nouvelle Cité, 2010.

PA – *Pourquoi m'as-tu abandonné, le secret de l'unité*, Nouvelle Cité, 1985.

PR – *Sur les pas du ressuscité*, Nouvelle Cité, 1992.

PSp – *Pensée et Spiritualité*, textos escolhidos por Michel Vandeleene, Nouvelle Cité, 2003.

PRIMEIRO DIA

Jesus, companheiro de viagem

Quando mamãe me deixou, ela estava um pouco preocupada: "Chiara, agora você está completamente sozinha. Tome cuidado!". Eu, porém, respondi-lhe: "Mas, mamãe, eu não estou sozinha: Jesus está comigo" (P2, 115).

Fui eu quem o escolhi (Summ. 83).

Aí estão duas pequenas frases comuns e de aparência insignificante, que nos vão introduzir nestes 15 dias de oração.

Pronunciadas em circunstâncias específicas, quando a mãe deixa sua filha de 9 anos participar de um encontro dos Focolari, elas oferecem-nos uma luz sobre a vida espiritual de Chiara Luce.

A presença de Jesus, a certeza de que ele está ali, o desejo ardente de tudo fazer para que ele permaneça ali, acompanharam-na durante toda a vida. Estar em relação com ele foi sua força, mas, mais ainda, sua essência. "Havia não somente a alegria de fazer parte da unidade Gen – isto é, do grupo de meninas engajadas nos Focolari –, mas de sentir Jesus bem perto de mim" (Inf. 51), diz ela quando tinha 11 ou 12 anos. Enferma, ela segreda a seus amigos: "Vocês não imaginam que relação profunda tenho agora com Jesus" (Inf. 107). Agonizante: "Se o diabo vier, não tenho medo, porque Jesus é o mais forte" (Summ. 56).

Ao dom de sua presença, ela responde pela escolha de estar com ele, uma decisão da qual ela não volta atrás, mesmo quando as dificuldades se apresentam, quando deve repetir o ano escolar, ou quando a passagem dos Gen 3 (adolescentes) para os Gen 2 (jovens) se torna difícil. Nem, sobretudo, quando uma doença mortal lhe é anunciada.

Estas frases são, portanto, bastante fortes para que possamos refletir e revigorar-nos. A primeira tem profundas raízes na Escritura: "Estarei contigo", "Não temas". Os testemunhos do Primeiro Testamento, sobre a promessa de Deus "de estar com" aquele que ele escolheu, são inúmeros. Às vezes essas palavras exprimem o engajamento de Deus com vistas à missão: "Estou contigo", diz o Senhor a Moisés (Ex 3,12). Outras vezes elas são condicionadas aos mandamentos: "Se obedeceres a tudo quanto eu te prescrever, se andares em meus caminhos e fizeres o que é reto aos meus olhos, guardando minhas leis e mandamentos como o fez meu servo Davi, estarei contigo" (1Rs 11,38).

A presença de Deus é garantia de se superarem todos os obstáculos: "Eles combaterão contra ti, mas contra ti nada poderão: pois eu estou contigo para te salvar e te livrar – oráculo do Senhor" (Jr 15,20). Esse compromisso de Deus junto ao seu eleito exige a confiança deste: a injunção "não tenhas medo" acompanha quase sempre a promessa da presença divina.

Mas é o Novo Testamento que nos revela a realidade inaudita e gratuita da presença de Deus em meio às pessoas: ela é incondicional e coincide, no final das contas, com a "Boa-Nova". O evangelho de Mateus, de modo particular, é construído dentro de uma moldura, a da presença do "Deus no meio de nós". A partir do nome de Emanuel, "o Deus conosco", que será dado ao menino (cf. Mt 1,21.23), até a garantia da presença de Jesus, todos os dias, até o fim do mundo (Mt 28,20), essas duas palavras que abrem e fecham o evangelho criam uma simetria, uma correspondência, como para afirmar que a essência da Boa-Nova é a presença do "Deus em meio a nós". A comunidade dos fiéis edifica-se sobre essa presença. Dizer que Jesus é o Emanuel, o Deus que habita entre nós, e que ele estará todos os dias conosco, até o fim do mundo, é outra maneira de afirmar que ele está vivo na Igreja e no mundo, é dizer que ele ressuscitou.

Chiara Luce Badano tem uma profunda convicção da presença do Ressuscitado que permanece nela e na qual ela quer permanecer. Nisso, ela nos coloca no caminho da verdadeira oração: lembremo-nos da mulher afetada por uma hemorragia, certa de que ficará curada se conseguir tocar nem que seja a orla do manto de Jesus (cf. Mc 5,25-31). Ela consegue e, embora todos se espremam ao redor de Jesus, ele só se sente realmente "tocado" por uma única pessoa. Para grande surpresa dos discípulos, Jesus, comprimido por todos os lados, pergunta: "Quem me tocou?". Com efeito, ele não tivera um verdadeiro contato, senão com a mulher que tivera fé.

> Ainda que muitos tivessem rezado, uma única pessoa soubera encontrar a maneira de falar-lhe, uma única pessoa havia encontrado a "oração". E por causa dessa oração humilde, silenciosa, plena de fé e de abandono, Jesus sentira uma força se desprender dele (FORESI, 2008, p. 25).

Não é isso a verdadeira oração, quando há contato com o Amado e reciprocidade no amor?

Voltemos à escolha de Chiara Luce, a essa decisão de estar com Jesus que construiu sua personalidade. Pode ser útil para compreender-lhe o alcance, saber que Chiara Lubich, exatamente na época em que Chiarinha começa a frequentar os Focolari, propõe a todos os membros do Movimento buscar a santidade. Ela explica as condições para isso, as pequenas e grandes renúncias; mas voltaremos a esse ponto. Por volta do outono de 1981, ela propõe o que chamará de "a santa viagem", expressão tirada da tradução italiana do versículo de um salmo que chama de bem-aventurado aquele que "decide em seu coração a santa viagem" (Sl 84,5). A tradução da TEB enfatiza mais a força que Deus dá para o caminho: "Feliz o homem que encontra em ti sua força; bem-disposto ele se põe a caminho". Qualquer que seja a tradução, trata-se de tomar uma decisão com conhecimento de causa, uma decisão "de estar com Jesus".

"Fui eu quem o escolheu": Chiara Luce empreendeu essa "santa viagem" em plena liberdade. Ela apostou em Alguém, em "Outro", diferente dela mesma. Sua decisão tem o sabor do "para sempre", porque ela sabe que o fim do caminho será o de sua vida. Seu "sim" compromete o tempo, o próprio tempo da viagem.

Creio em Jesus Cristo, seu Filho único, nosso Senhor

Essa escolha fundamenta-se em uma atitude de confiança: ela entregou sua confiança àquele que "está com ela" e que lhe deu, mediante sua vida e sua morte, uma prova irrefutável de seu amor. Ela tem um companheiro experiente, que se ocupa do caminho, em cujas mãos ela colocou o mapa e não lho pedirá de volta por falta de confiança. Efetivamente, trata-se de confiança nessa atitude de "crer". Mais uma vez, o Evangelho dá-nos um exemplo com o centurião, cujo servo está doente, e que se confia inteiramente a Jesus, mais experimentado do que ele: "Senhor, eu não sou digno de que entres sob o meu teto; dize somente uma palavra e meu servo será curado" (Mt 8,8).

Esta passagem do evangelho de Mateus mostra-nos bem quanto Jesus é tocado por essa confiança, maravilha-se e assevera que os que têm semelhante fé tomarão um lugar no festim com Abraão, Isaac e Jacó no Reino dos céus (Mt 8,10). Convidar-nos a tomar lugar no festim do Reino não é outra maneira de dizer-nos: "Tu estarás comigo"?

SEGUNDO DIA

Era Jesus em Bruno

> Disse a mim mesma: "Estou acompanhando Jesus, que se apoia em meu ombro". Se vocês não tivessem insistido para que eu ficasse sozinha com vovô, não imaginam o que eu teria perdido! Obrigada! (Summ. 156-157).

Os testemunhos acerca do amor de Chiara Luce por Jesus presente nos pobres ou nos doentes são simples e profundos. Tal como este, citado a seguir: no dia 15 de agosto de 1987, os pais de Chiara lhe pedem que fique com seu avô materno, enquanto eles vão à missa, visto que ela própria já havia ido. Por certo o avô estava doente, mas nada deixava pressagiar que ele morreria naquela mesma noite.

O pai relata:

> Naquele momento, Chiara temia não ser capaz de acompanhá-lo em caso de necessidade, mas aceitou. Quando retornamos, a alegria brilhava em seus olhos. Ela diz-nos que precisou acompanhar o avô ao banheiro, que ela se saiu bem na tarefa e que, quando ele se agarrou a ela, havia pensado: "Estou acompanhando Jesus, que se apoia em meu ombro" (Summ. 156-157).

Outro episódio é narrado pela mãe: "Num dia de semana, na missa das 18 horas, Bruno (um rapaz um tanto estranho do povoado, que falava a torto e a direito) estava sentado no banco à minha frente. Ele voltou-se e me pediu para assentar-me a seu lado. Recusei. [...] [Pouco depois], arrependi-me e me desloquei. De volta à casa, contei à minha filha o ocorrido. Seu rosto tornou-se sério, ela olhou-me diretamente nos olhos e disse: "Você fez isso? Não foi até lá? Não se deslocou?". E explicou-me a razão de sua decepção: "Era Jesus em Bruno!". Respondi: "Você tem razão", e acrescentei: "No fim, eu fui para perto de Bruno". E Chiara: "Felizmente!" (Summ. 89-90).

Ao começar "sua viagem", Chiara Luce compreendeu que o cristianismo é, antes de tudo, vida concreta, amor ao próximo, e que se traduz em serviço. Certamente a frase do julgamento final, segundo o evangelho de Mateus – fundamental na história do desenvolvimento da espiritualidade dos Focolari –, tocou-a profundamente: "Tive fome e me destes de comer...". E a admiração: "Senhor, quando é que nos sucedeu ver-te com fome e alimentar-te?". "Todas as vezes que o fizeste a um destes mais pequeninos, que são meus irmãos, foi a mim que o fizestes" (Mt 25,35.37). Não há dúvida de que o fato de encontrar o Senhor no pobre, seja ele estrangeiro, ou idoso, ou doente, seja até mesmo o dependente de drogas (não dizia ela que são os pobres de hoje? – cf. P2, 189), foi considerado por Chiara Badano uma "sorte inesperada", um "bom negócio", uma maravilhosa possibilidade de exprimir seu amor a Jesus.

Tudo leva a pensar que o amor ao irmão era amplamente explicado durante as reuniões das crianças, em seguida, dos adolescentes, das quais Chiarinha participava. Com efeito, era o tema daqueles anos desenvolvidos por Chiara Lubich:

> Somos nós que temos necessidade dele para possuir a vida eterna. [...] O amor pelos pobres torna-se

fonte de grande alegria, de grande paz e de esperança, visto que Jesus considera como feito a ele mesmo tudo o que é feito por aqueles que se encontram em necessidade. Não se torna ele nosso devedor e nós, seus credores? (DCH, 65.70).

Para uma criança como Chiara Luce, viver assim sua vida cristã podia ter um aspecto lúdico: estar com Jesus, escolhê-lo concretamente no pobre, perceber sua resposta e quase sua gratidão em uma permuta de amor: não é um jogo e dos mais apaixonantes?

Um jogo sério, que nos oferece um espelho da qualidade de nossa fé. Se Chiara Luce é ávida, pode-se dizer, de manifestar seu amor a Jesus no pobre, é que ela se apoia sobre a Palavra e obedece a ela. "Fiado em tua palavra", vou amar-te neste pobre, talvez sem compreender por que ou como tu estás presente, mas eu confio em ti, aceito sem discutir. Um pouco como Pedro, depois de toda uma noite sem pegar peixes, obedeceu a uma ordem pouco racional: "Fiado em tua palavra, eu vou lançar as redes" (Lc 5,5). Esse imediatismo é também a graça da infância, mas não somos todos nós chamados a converter-nos e a tornar-nos como crianças? (cf. Mt 18,3).

Creio [...] em Jesus Cristo, que foi concebido pelo Espírito Santo, nasceu da Virgem Maria

A fé, tal como nos apresenta o Novo Testamento e tal como Chiara Luce a viveu, é, em primeiro lugar, "escuta", "obediência" (cf. Rm 1,5; 16,26). Tomemos, para ilustrar, o episódio do cego de nascença no evangelho de João (cf. Jo 9,5-33). Jesus acaba de afirmar: "Eu sou a luz do mundo".

Em seguida, ele cospe na terra, faz um pouco de lama com sua saliva, aplica-a nos olhos do cego e lhe diz: "Vai lavar--te na piscina de Siloé". "O cego foi, lavou-se e, ao voltar, enxergava". A primeira etapa da atitude de "crer" do cego de nascença é obediência a uma ordem: ele vai lavar-se. Ela será seguida de outras etapas, a de reconhecer em Jesus "um profeta" (v. 17), de declarar abertamente que aquele que o curou não pode ser um pecador (v. 31), ou melhor: que se trata de alguém que vem de Deus (v. 33).

Mas atenhamo-nos à primeira etapa, à de obedecer a uma ordem: Chiara Luce, por meio de sua fé e de sua obediência à palavra de Jesus, "foi a mim que o fizestes", começa a "ver claro": "Se vocês não tivessem insistido [ou seja, se eu não lhes tivesse dado ouvidos], não imaginam o que eu teria perdido!". A que ela se refere? Sem dúvida a uma presença de Deus que a preencheu. Talvez ela tenha uma nova percepção do amor infinito e irreversível de Deus para cada pessoa humana, destinada a ser outro Cristo, filha no Filho.

Acreditar é realizar um tipo de êxodo de nós mesmos, a fim de passar à lógica de Deus. É confiar na palavra que propõe essa descentralização, e experimentar que Deus é o totalmente Outro. É reviver, segundo nossa medida, a fé e a obediência de Abraão, quanto a seu lugar de vida ("Deixar sua terra", Gn 12,1), e as de Maria, quanto a seu projeto de vida ("Conceberás, darás à luz um filho", Lc 1,31), para citar apenas nossos "pais" na fé.

Ademais, é preciso observar que o próprio Jesus realizou um êxodo quando se fez presente no doente, no prisioneiro, no faminto. Ele envia-nos a "outro", diferente dele. Esse êxodo é a realidade mesma da encarnação: Deus fez-se realmente homem como nós, colocou-se em nossas mãos e se uniu a toda criatura, à mais humilde, à mais pobre, à mais desprezada. Todo ser humano e toda a vida têm um laço com ele, principalmente aquele que sofre, qualquer que seja seu sofrimento.

Nisso, ao nos enviar a alguém diferente dele, desorienta--nos. Contudo, a experiência de Chiara Luce testemunha que ele nos orienta ao único verdadeiro Deus e a seu enviado, Jesus Cristo. Isso é a fé: deixar-nos orientar para tomar a direção acertada.

TERCEIRO DIA

Amigos diferentes

As meninas que conheci eram sábias, gentis, diferentes daquelas da escola, e juntas, nós nos esforçamos por viver para Jesus (Inf. 115).

[Querida Orietta, caro Lucas] Somente no momento da partida de vocês é que compreendi o laço profundo de unidade que nos une. Nada me importava mais do que saber que vocês estavam no jardim. Se volto a pensar nesse verão, uma grande alegria me invade e me vem espontaneamente vontade de exclamar: "Obrigada, Jesus, por essa relação tão 'bela' com esse casal tão fraterno!" (Inf. 451).

[Cara Chicca], sinto-te sempre muito próxima. Começamos o novo ano juntas, avançando na santa viagem. Amo-a muito. Conservemos sempre Jesus no meio de nós (Inf. 415).

Os fragmentos destas três cartas ou pequenos bilhetes são disparatados apenas na aparência, pois eles têm um ponto comum, explícito e luminoso: Jesus. Além do mais, evidenciam certo tipo de relação interpessoal em Jesus. Não há engano em dizer que Chiara Luce ficou fascinada com a relação que mantinha com outras crianças dos Focolari, e pela qual percebe toda a diferença quanto à que estava habituada. É o primeiro texto citado que testemunha isso, uma carta escrita aos 9 anos de idade a Chiara Lubich.

Estes três textos sublinham, cada um a sua maneira, uma qualidade de relação e de amizade que surpreende Chiara Luce e lhe causa admiração. Ela experimenta a alegria da reciprocidade, fruto do mandamento novo de Jesus, segundo o qual ninguém pode viver sozinho: "Amai-vos uns aos outros. Como eu vos amei, vós também vos amai uns aos outros" (Jo 13,34). A partir do momento em que esse mandamento é vivido, não se sabe nem onde esse amor começa nem onde termina, pois, alternativamente, ama-se e se deixa amar. É um amor coletivo, circular, e a unidade que ele suscita é "sentida, vista, saboreada. [...] Todo mundo está feliz com sua presença e sofre com sua ausência. Ela é paz, alegria, amor, ardor, clima de heroísmo, de suprema generosidade" (PSp, 158).

Esse amor que leva à unidade é concreto e exige ascese. Disso testemunha uma colega de classe de Chiara, convidada a passar alguns dias com ela – elas tinham 14 ou 15 anos –, no fim do verão. Naquela tarde, elas precisaram ficar em casa:

> Decidimos jogar um jogo de tabuleiro. Depois de um ou dois lances, eu já estava enjoada. Logo ela me propôs outro jogo. Mas também desse logo me cansei, e mudamos mais uma vez de jogo, e uma e outra vez, sempre por culpa minha. Eu deixava que ela preparasse tudo, mas depois eu já não queria brincar; ela, no entanto, não reclamava, e recomeçava, toda vez, sem reagir, sorridente e amando tudo isso, sem nada pedir (Summ. 247).

A medida do amor recíproco é: "Como eu vos amei". Viver o mandamento novo exige amar primeiro, acolher o amor tal como o outro o manifesta a nós, e não como desejaríamos recebê-lo, e saber dizer obrigado: "Obrigada,

Jesus, por essa relação tão bela...", escreve ela na carta a Lucas e a Orietta, citada mais acima e datada do dia 14 de setembro de 1990. Ela refere-se à relação construída com o jovem casal, durante as férias passadas em Sassello, ao longo daquele que devia ser o último verão de sua vida: Orietta vinha todo dia, em uma hora exata, como um rito, e quase nunca entrava em seu quarto, querendo justamente exprimir seu amor e sua proximidade.

Esse tipo de relação implica que a polidez seja banida e que não haja receio de declarar-se reciprocamente a vontade de pôr em prática o mandamento do amor. Com efeito, ela instaura-se a partir de um pacto implícito ou explícito de amar-se em Jesus: "Juntas, nós nos esforçamos por viver para Jesus". "Juntas, avançamos na santa viagem." "Conservemos Jesus no meio de nós": a unidade que se estabelece, fruto do amor mútuo, leva à presença mesma de Jesus: "Pois onde dois ou três estiverem reunidos em meu nome, eu estou no meio deles" (Mt 18,20).

Um episódio emblemático desse amor recíproco e da presença de Deus é narrado por Chicca à assistente do Gen 3 de Gênova. Era um encontro Gen 3 entre Chiara Luce e Chicca, por volta de 1985 ou 1986, já que o bilhete não está datado. Chiara Luce junta-se à Chicca na pequena cidade de Albissola e, a fim de não perderem tempo no trajeto, decidem fazer o encontro em uma capela perto da parada de ônibus.

> Desde o momento em que entramos, fomos envolvidas por uma atmosfera profunda, divina, e nos assentamos na primeira fila e começamos a ler o livrinho da Trindade [usado pelo Gen 3], uma pequena passagem após a outra, explicando, cada vez, uma à outra, com nossas palavras, e refletindo sobre o que

queriam dizer as diversas passagens. Parecia-nos que a Trindade estava presente, explicada pelo Pai, pelo Filho e pelo Espírito Santo (inédito).

Ao viver o mandamento novo com suas "novas amigas", Chiara Luce penetrou mais profundamente o mistério da comunhão de amor que está em Deus, a que chamamos de Trindade.

Amar-se reciprocamente é já participação no amor que vem de Deus: "Caríssimos, amemo-nos uns aos outros, pois o amor vem de Deus; e todo aquele que ama nasceu de Deus e chega ao conhecimento de Deus. Quem não ama não descobriu a Deus, porque Deus é amor" (1Jo 4,7-8). Ao amar-nos mutuamente, cresce a própria compreensão do mistério: nós conhecemos melhor o Amor que se doa gratuitamente e que é a pessoa do Pai, o Amante, ele que, desde sempre, começou a amar; o Filho, aquele que se deixa amar, que é eternamente receptáculo do amor do Pai e, por sua vez, ama o Pai; o Espírito que une o Amante e o Amado e que é também o êxtase do amor.

Conhecemos, em nossa experiência humana, o que significa ser "para" o outro, "com" ele. Ora, é o próprio mistério de Deus: cada Pessoa divina vive estando completamente "com", "para", "nos" outros dois, naquilo a que os Padres da Igreja do Oriente definem como a "pericorese". Cada uma vive "para" a outra, fora de si mesma. O Evangelho mostra-nos Jesus que vive "voltado" para o Pai (Jo 1,2), vive para o Pai, no Pai: "O Pai e eu somos um" (Jo 10,30). "E tudo o que é meu é teu, bem como tudo o que é teu é meu" (Jo 17,10). "Ninguém conhece o Filho, a não ser o Pai, e ninguém conhece o Pai, a não ser o Filho" (Mt 11,27).

O amor recíproco é certamente o lugar da presença e do conhecimento do Deus Trindade.

Os textos deste dia nos mostraram uma menina bem jovem que vive em suas relações pessoais o mistério de Deus. Ora ela toma a iniciativa do amor, ora se deixa amar, ora experimenta a exigência de sublinhar a unidade no amor. Mas sempre de tal sorte que a palavra "juntos" libera toda a sua força e expõe toda a sua realidade. Ela confessa a partir de sua vivência: "Creio em Deus que é, em si mesmo, uma comunhão de amor".

Por esse caminho, ela nos indica como podemos também penetrar na vida de comunhão que é Deus.

QUARTO DIA

Deus me ama imensamente

Contudo, Deus me ama. Esta é a verdade (Summ. 257).

Alguém, uma senhora, com um sorriso muito luminoso, muito bela, aproximou-se de mim e me encorajou. Logicamente, eu dizia a mim mesma: "É um acaso", mas me perguntava: por que ela chegou justamente neste momento? Justamente nesta circunstância, sobretudo com esta luz, que eu definiria, sem exagerar, sobrenatural? [...] Compreendi que se estivéssemos sempre nessa disposição, prontos para tudo, quantos sinais Deus não nos mostraria?! Compreendi que frequentemente Deus passa ao nosso lado e que não nos damos conta dele (Inf. 356-357).

Deus é amor, ele "me amou e se entregou por mim" (Gl 2,20), ele nos chama a partilhar sua vida. É a boa notícia que ressoa há vinte séculos no mundo, a fonte da qual se bebeu insaciavelmente, a maravilha que forjou santos em todas as épocas. "O amor não é amado", gritam Francisco de Assis e seus primeiros companheiros. "Deus te ama imensamente" – é a palavra que dá o pontapé inicial dos Focolari em 1943, repercute rapidamente em toda a Itália e, a seguir, no mundo inteiro. "Nós conhecemos o amor e nele acreditamos" (1Jo 4,16): esta única palavra, que Chiara Lubich queria que fosse gravada sobre suas tumbas, caso seus companheiros e ela mesma morressem durante a guerra, basta para descrever a identidade deles. Chiara Luce nutriu-se dessa fé no amor de Deus, não em teoria, mas inscrita em um relato: o dos "primeiros tempos" dos Focolari.

Com efeito, Deus manifesta sempre seu amor na história das pessoas, na grande História da salvação, de Adão a Jesus Cristo, e nas pequenas intervenções de seu Espírito na humanidade. O relato da intervenção de Deus na origem dos Focolari foi contado, ilustrado, representado para e pelas crianças, ornado de promessas que se realizam para além de toda expectativa, de sinais concretos do amor de Deus e de sua providência. Esses exemplos tão eloquentes são um convite permanente a crer no amor de Deus e a responder a ele amando.

Chiara Luce quis reviver, segundo sua capacidade, essa permuta de amor com Deus, esforçando-se por amar Jesus em cada próximo, engajando-se com outros em viver o mandamento novo de Jesus. E ela conheceu a manifestação do amor de Deus e sua presença inefável nela.

Sentir-se amado por Deus liberta em cada um forças desconhecidas, a força de amar, por sua vez, como se é amado. Tudo em Chiara Luce se baseia no amor e no desejo do amor: nenhum temor do julgamento de Deus, nenhum medo do inferno, mas unicamente a alegria de poder responder ao amor, amando.

Como para todos nós, a fé de Chiarinha é colocada à prova: quando ela era criança e, em seguida, adolescente, os pequenos sofrimentos da vida poderiam lançar o descrédito sobre o amor de Deus. No entanto, continua a acreditar, pois sabe que ele se manifestou em toda a sua plenitude na cruz de Jesus Cristo; loucura que, longe de ser para ela uma pedra de tropeço, torna-se trampolim.

"Contudo, Deus me ama", é o que Chiara Luce, depois de violentas contrações musculares, encontra força para dizer, acrescentando: "É a verdade". Ela testemunha sua vontade de aderir ao amor com toda a força de sua inteligência, porque, por razões que a razão desconhece, Jesus assumiu todos os nossos sofrimentos por amor. O sinal da cruz que se apresenta em sua carne torna-se, para ela, sinal de amor. Quanto aos sinais aparentemente contrários ao amor, que poderíamos chamar de "antissinais", Chiara Luce quer crer que eles contêm o superamor.

Por causa disso, ela vê claramente o inflamar-se do amor que a fé em Deus suscita, como no dia em que, submetida a um exame médico sem ter sido avisada, se mostra confiante, apesar da angústia. Depois, conta a seus amigos, na gravação do dia 10 de setembro de 1990, citada na introdução, a vinda de uma senhora que a encoraja e desaparece. Nem ela nem seus pais jamais souberam de quem se tratava.

Esses sinais de Deus, que vêm reforçar nossa adesão aos "antissinais", são os sinais da Páscoa de ressureição que Chiara Luce decifra em muitas ocasiões: "Se estivéssemos sempre nessa disposição, prontos para tudo, quantos sinais Deus não nos mostraria?! Compreendi que frequentemente Deus passa ao nosso lado e que não nos damos conta dele". Prontos para tudo, ou seja, na disposição de acolher o amor de Deus em cada acontecimento. Sem exceção.

Chiara Luce coloca-se, portanto, em um dinamismo de reciprocidade com Deus: ela deposita nele sua confiança, entretida em seu amor, e ele lhe manifesta sinais desse amor. Sua perspectiva é a de uma permuta de amor, de uma aliança, de um pacto irreversível, que se entretece com ele por toda a vida.

O Pai todo-poderoso

Ela não ficou encerrada no dilema: se Deus é amor, por que permite o sofrimento? Se Deus permite o sofrimento, como é todo-poderoso? É como se tivéssemos decidido por ele que ele não podia ser amor e todo-poderoso ao mesmo tempo! A fé no amor, vivida por Chiara Luce, como acabamos de descrevê-la, permitiu-lhe superar esse dilema e conhecer ainda mais, sem dúvida alguma, a largura, o comprimento, a profundidade e a altura do amor (cf. Ef 3,18).

Crer que o amor de Deus assumiu todo o sofrimento do mundo para que já não pudéssemos encontrar o sofrimento, mas aquele que o assumiu, suscitará uma atitude passiva, indiferente em relação aos males do mundo: isso nos vai deixar com a consciência tranquila por nada fazermos para aliviá-los? Não é nada disso. Chiara Luce é bastante enérgica quando fica sabendo, bem pequenina, que as crianças morrem de fome na África, e doa todas as suas economias. E quando toma conhecimento dos sofrimentos dos outros, quer sejam morais, quer sejam físicos, ela se compromete, na medida de suas possibilidades, a atenuá-los.

Na admirável troca de amor que realiza com Deus, indubitavelmente compreende que a onipotência de Deus é uma onipotência de amor. Ele colocou o mundo em nossas mãos para que continuemos sua criação e nos delegou para que façamos reinar seu amor no mundo. Ele amou-nos tanto que fez de nós seus aliados, confiou-nos sua obra, teve confiança em nós. Em suma, ele "crê" em nosso amor, esse amor que ele nos deu para que, livremente, o difundamos no mundo.

De acordo com Chiara Luce, o intercâmbio de amor entre um Pai e seus filhos é o verdadeiro sentido da vida: "É preciso ter coragem de deixar de lado ambições e projetos que destroem o verdadeiro sentido da vida, que é somente crer no amor de Deus" (Inf. 38), diz ela no final de sua vida.

Nossa história de amor com o Pai é uma história fecunda: Chiara Luce está bem consciente disso; é de tal sorte segura do amor do Pai que ela espera os frutos de sua fé no amor, e deseja conhecê-los, colhê-los e dizer obrigada.

QUINTO DIA

Sincronizados em Deus

> Compreendi a importância de "cortar" para não ser e não fazer senão a vontade de Deus. Compreendi também o que dizia Teresa de Lisieux: antes de morrer pela espada, é preciso morrer a golpes de alfinete. Dou-me conta de que são as pequenas coisas que não faço bem, ou os pequenos sofrimentos que deixo escapar. Por isso é que desejo, de agora em diante, prosseguir amando a cada um a golpes de alfinete (Summ. 282).

Quando Chiara Luce começou a frequentar as reuniões dos Focolari, o tema da vontade de Deus voltava frequentemente. Era uma alegria para essas crianças, enraizadas na fé, no amor de Deus, descobrir quanto esse amor é pessoal; que ele tem, para cada um, um desígnio que se desvela pouco a pouco, quando se acolhe sua vontade particular. Uma imagem amiúde explicada, a do sol e dos raios, era-lhe muito eloquente: ao caminharmos rumo a Deus, em sua vontade, aproximamo-nos não somente dele, mas também uns dos outros.

No congresso de Turim, de janeiro de 1986, os juniores dos Focolari escutam uma gravação de Chiara Lubich, de 1981, na qual ela expõe sua própria experiência da "santa viagem" e fala da condição essencial para empreendê-la: a decisão de fazer não nossa própria vontade, mas a de Deus.

De maneira adaptada à idade deles, foram propostos numerosos exemplos de amigos de Deus.

As palavras de Chiara Luce, que, em um momento de comunicação gravado, transcrito posteriormente, no final do congresso, partilha com todos sua resolução de fazer e de ser a vontade de Deus, são de uma exatidão espantosa. Ela compreendeu que, para isso, é preciso saber "cortar", um verbo forte, pois ele implica ferimento. O que ela quer dizer com isso? Cortar de maneira drástica tudo o que não é o que Deus quer dela no instante presente. Ela quer ser intransigente para consigo mesma e não sair de seu raio, não importa o preço. Mas esse raio da vontade de Deus, como ela o diz logo depois, é o amor.

Com efeito, a vontade de Deus nada mais é do que seu amor que abraça toda a história da humanidade em um desígnio magnífico. Este resplandece no dom que nos concedeu de seu Filho Jesus Cristo, vindo para transformar em amor tudo o que parece não amor. Através dele, de agora em diante, "tudo coopera para o bem daqueles que o amam" (Rm 8,28). Esse é o plano de Deus: fazer de nós filhos no Filho, livres na liberdade de Deus, criaturas com ele, Criador, capazes de fazer tudo para cooperar para o bem.

Ou ainda, em outros termos, mas que levam ao mesmo sentido, o que Deus quer é nossa santificação (cf. 1Ts 4,3), ou seja, nossa participação em sua vida, que sejamos "amor", como ele próprio é Amor. Jesus diz bem na oração sacerdotal, que ele "quer" que compartilhemos sua glória: "Quero que, lá onde eu estiver, os que me deste estejam também comigo e que contemplem a glória que me deste" (Jo 17,24). Jesus, porém, tão atento à vontade de seu Pai, faz-se, neste caso, exigente.

Chiara Luce compreendeu que podemos secundar o plano de amor sendo, nós mesmos, amor para os outros. Ela compreendeu que não pode estragar uma migalha deste desígnio, que se realiza até nas pequenas coisas, nem retardar-lhe o cumprimento, o que ela conseguiria caso fizesse a própria vontade. A vontade de Deus e o amor se confundem, e Chiara Luce compreendeu bem a pequena frase de Teresa de Lisieux, citada na conversa já mencionada de Chiara Lubich sobre a "santa viagem": "Antes de morrer pela espada, morremos a golpes de alfinete..." (Carta 86 a Céline, 15 de março de 1889).

Chiara Luce entende, como Teresa, o martírio cotidiano do amor até nas pequenas coisas. E esse ferimento do amor autêntico, ao qual não quer furtar-se, ela o vive na perspectiva de cooperar com um plano cujo desígnio é oculto, mas no qual ela confia, pois é divino. Chiara Luce ensina-nos que, longe de ser passivo, aquele que faz a vontade de Deus é ativo, criador.

Ela escolhera estar incessantemente no amor, mas, como a todos nós, acontecia-lhe de esquecer-se. Ela se recuperava e voltava a ele, mas não sem um pequeno atraso. Eis que a parábola dos dois filhos vem reconfortá-la: aos dois, o pai pede que vão à vinha. Um dos dois diz sim ao pedido do pai, mas não faz o que ele ordenou, ao passo que o outro diz não, mas se arrepende e vai (cf. Mt 21,28-31). Ela estava feliz de se parecer com o segundo e de poder ser reconhecida como irmã, mãe de Jesus, segundo a palavra dele: "Quem é minha mãe e quem são meus irmãos? Os que fazem a vontade de meu Pai" (cf. Mt 12,48-49).

Chiara Luce sabe que, para fazer a vontade de Deus, não dispomos senão do momento presente. Enraizar-nos no instante presente significa religar-nos, unir-nos à nossa fonte, estar "em Deus", origem de toda a existência e de todo o amor. Assim, o coração repousa em Deus, mesmo em meio aos sofrimentos. E em uma dissertação um ano antes de sua morte, ela escreve:

> Muitas vezes, o homem não vive sua vida porque está mergulhado em um tempo que não existe, ou em lembranças, ou lançado para o futuro. Na realidade, o único tempo que o homem possui é o instante presente. [...] Vivendo assim, o homem se sente livre, liberto da angústia de seu passado e da preocupação com seu amanhã.

Mas acrescenta ela, nessa mesma dissertação do outono de 1989: "é preciso um esforço constante para permanecer nesta realidade" (P2, 293).

O instante presente. A seu pai, alquebrado pelo sofrimento de ver morrer sua filha e que lhe pergunta o que fazer, ela responde o que lhe ensinou sua experiência de enferma que ignora o desfecho de sua doença:

> Esforce-se por viver o instante presente. Você deve pegar um pedacinho de tempo de cada vez, viver bem cada minuto. Viver cada minuto em união com Jesus. Em seguida, a graça de Deus vem em seu auxílio (Summ. 160).

Se vivermos a vontade de Deus no instante presente, não seremos prisioneiros de nossos fracassos ou de nossos pecados. Sabemos que podemos sempre recomeçar e que, ao nos reconduzirmos a isso no presente, nos reconduzimos a Deus, que nos espera. É uma constante em Chiara Luce: tem seus momentos de humor, suas pequenas cóleras, mas ela se reconduz a Deus, sem deixar-se esmagar pelo sentimento de culpa.

Um dia, pouco antes de sua morte, no momento em que sofre muito, pede que sua mãe leia uma meditação para ela, e lhe indica qual. É uma palestra breve de Chiara Lubich sobre o instante presente que ressalta bem seus benefícios, afirmando, entre outras coisas: "Vivendo o presente é que as cruzes se tornam suportáveis".

Esse texto citava também Paulo da Cruz: "Feliz aquele que repousa 'no seio de Deus', sem pensar no futuro, mas se esforça por viver instante após instante em Deus, sem outra preocupação senão fazer bem sua vontade em cada instante" (PR, 185-186). Eis o que Chiara Luce queria ouvir, eis seu segredo para "estar em Deus".

SEXTO DIA
Dar

Durante este congresso, descobri o Evangelho sob nova luz. Compreendi que eu não era uma cristã autêntica, porque não vivia a fundo. De agora em diante, quero fazer deste livro magnífico a única meta de minha vida. Não posso nem quero ficar analfabeta de uma mensagem tão extraordinária. Assim como me é fácil aprender o alfabeto, deve ser igualmente fácil viver o Evangelho. Redescobri a frase que diz: "Dai e recebereis". Devo aprender a ter mais confiança em Jesus, a crer em seu imenso amor (P2 166-167).

Chiarinha tem 14 anos quando escreve a Chiara Lubich esta carta de que propomos um fragmento. Ela correlaciona três realidades: a riqueza da Palavra de Deus contida no Evangelho, o ato de "dar" e a confiança em Jesus. Ao ter acesso aos arquivos do congresso de que ela fala, pode-se constatar que as discussões propostas para o Gen 3 estavam baseadas na Palavra de Deus ilustrada por numerosos testemunhos vividos. Outro tema proposto era o da comunhão dos bens.

Essas poucas linhas manifestam que Chiara Luce viu um nexo particular entre Evangelho, fé, no sentido de confiança, e dom. E estes três termos remetem-se, efetivamente, um ao outro, estão em mútua correspondência.

Por Evangelho ela entende as palavras pronunciadas e os atos realizados por Jesus tais quais os quatro evangelhos os narram, e enfatiza o fato de que essas palavras devem ser vividas uma por uma, como se aprendesse um alfabeto, para delas revestir-se; e ao fazer isso, tornar-se paulatinamente mais semelhante a Jesus. Dessa mensagem extraordinária ela retém a exigência do dom, na contracorrente de um mundo onde tudo parece baseado no ter.

"Dar" não é para ela uma filosofia ou uma ética, mas uma pessoa, Jesus, que lho pede e em que ela quer confiar.

Antes de conhecer os Focolari, Chiara Luce já conhecera a alegria da doação. Já bem pequenina, depois de um momento de reflexão, pois não era fácil, ela decide doar seus melhores brinquedos. Quando se prepara para sua primeira comunhão, ela quer oferecer atos de amor a Jesus (cf. Summ. 20). Depois, quando fica sabendo que crianças morrem de fome na África, ela dá e convida a dar (Inf. 52).

Durante o congresso do Gen 3 de 1985, ela percebe que havia agido até então como diletante, e decide, doravante, fazer disso sua linha de conduta. Ela oferece suas experiências de vida, não para se sobressair, mas para doar os dons que Deus lhe concedeu. Ela traz para os encontros Gen 3 algum dinheiro que conseguiu economizar, ou algo que lhe pertence e lhe é valioso, se isso corre o risco de assumir, para ela, o lugar de Deus. Ela sente-se responsável pela família espiritual na qual está inserida e por sua economia.

Mas é quando cai doente que resplandece de maneira constante essa atitude do dom. Quando ela fica sabendo que um amigo, Gianfranco Piccardo, vai à África, já nada mais quer conservar para si. Tudo o que recebe, ela doa para sua missão (Summ. 268): "Pega o envelope com o dinheiro e entrega a ele". "Tudo?" "Sim!" (Summ. 64).

Ela doa até mesmo seus fracassos, suas dores e suas alegrias. "Eu te ofereço meu nada", escreve ela (P2, 289).

Ela lê para um membro dos Focolari uma carta pessoal a Chiara Lubich, começando assim a leitura:

> Quando escrevi pela última vez a Chiara, conservei minha carta para mim, não querendo que ninguém entrasse em minha relação com ela: era minha propriedade privada. Agora, já não o posso fazer: tudo o que faço, devo partilhar. Então, se estiver de acordo, leio para você a carta que escrevi para Chiara anteontem (Summ. 293).

Dar é despossuir-se, largar a presa, perder, expor-se à penúria, e Chiara Luce está consciente disso. Mas esse risco ela o corre na confiança, na fé, e encontra aí uma grande liberdade.

No Novo Testamento, Jesus apresenta-se como aquele que vem dar a liberdade aos cativos, livrar de toda escravidão, a do mal e da doença, a do culto que oprime, a da culpa que paralisa (cf. Lc 4,18; Mt 8,16 e par.; Mt 12,10; Jo 8,11). Mas também como aquele que doa a si mesmo, dado que se entrega em nossas mãos (1Tm 2,6; Tt 2,14). Ele assume livremente o que nos aliena, o mal e a morte, para nos livrar deles e nos dar um coração novo, capaz de amar. Essa é a nova criação que Jesus dá ao mundo.

O Evangelho mostra-nos ainda que Deus é "dom" em si mesmo. Jesus é "dom do Pai", que amou tanto que deu seu Filho (Jo 3,16). Ele nos recebeu, a nós, que somos seus discípulos, como um dom, visto que, ao dirigir-se ao Pai, ele nos chama "aqueles que tu me deste" (Jo 10,29; 17,6.9.24; 18,9). Ele é dom para o Pai, cuja vontade ele quer fazer;

entre o Pai e ele tudo é dom recíproco, comunhão: "Tudo o que é teu é meu" (Jo 17,10). Ele recebe o Espírito que o Pai lhe dá sem medida (Jo 3,34). Na boa-nova de Jesus se inscreve, portanto, uma lei profunda, a do dom, do "dar".

Por conseguinte, Chiara Luce chegou ao núcleo central do Evangelho e, para viver à imagem de Deus e à sua semelhança, ela quer ser dom. O Evangelho torna-se sua referência, pois ele lhe indica um caminho de vida insuspeito, que passa pelo dom. "Dai e vos será dado" (Lc 6,38). Esse caminho de vida é o dom recíproco entre Deus e nós, pois Deus não se cansa de ser dom para aquele que dá e confia: "Mas aos que o receberam, aos que creem em seu nome, ele deu o poder de se tornarem filhos de Deus" (Jo 1,12). Eis a verdadeira liberdade da nova criatura: ser filhos de Deus. Se vivemos à sua imagem, ele nos dirá: "Tudo o que é meu é teu" (Jo 17,10). Ele não deixará de manifestar-nos seus dons de mil maneiras, e isto será o "cêntuplo" (Mc 10,30; Lc 8,8).

Chiara Luce tem 14 anos, e decidiu!

Criador do céu e da terra

Na experiência de Chiara Lubich, Chiarinha compreendeu que, na criação, tudo é dom mútuo, pois tudo recebeu a marca da Trindade.

> Os que estão junto de mim foram criados como um dom para mim, e eu como um dom para eles. Sobre a terra, tudo está em relação de amor: tudo com tudo. No entanto, é preciso viver o Amor para desvelar o fio condutor que religa os seres (PSp 133).

Cada ato de "dar" inscreve-se no mistério da criação do céu e da terra, religa-nos ao Criador, à fonte de nosso ser. Cada "dom" vem perfazer e completar a criação, torna-nos cocriadores não somente de nossa própria história, mas da história da humanidade. Inscreve-se na vida do Deus único em três pessoas que se amam e se doam totalmente. Dar ajuda-nos a penetrar mais profundamente o mistério do amor de Deus que nos quer criadores com ele.

SÉTIMO DIA
Um caminho de liberdade

> Nestes últimos meses, tenho tido muita dificuldade para não dizer palavrões, e muitas vezes a televisão me tenta com filmes que não são muito corretos. A cada vez, peço um auxílio especial a Jesus para suportar. A unidade com as Gen ajudou-me nos momentos mais difíceis, ao pensar que elas também se esforçam para ir contra a corrente (Summ. 282).

Libertos no Cristo, como podemos ser verdadeiramente livres, como a isso nos convida Paulo (Gl 5,1)? Nossa reflexão deste dia, com a experiência de Chiara Luce, pode ajudar-nos a construir nossa liberdade e nos indicar, através disso, um caminho seguro e rápido. Para ela, os "cortes", os "golpes de alfinete" (cf. quinto dia) não são palavras. Para conservar a liberdade de amar e de dar, não se pode economizar na luta contra si mesmo.

Chiara é bem competente nesse gênero de combate, pois sua vida é salpicada por lutas. Ela conta que em sua classe (era maio de 1984; ela estava, portanto, com 12 anos e meio), quando seus colegas souberam que ela frequentava os Focolari e que era uma Gen, eles zombaram dela de maneira desprezível e chamaram-na de "a freirinha". Imediatamente foi marginalizada, o que não é fácil nessa idade:

> Quando me chamaram de freirinha, não sabia como agir, mas recebi a resposta durante a Mariápolis:

foi ele [Jesus abandonado]. A experiência de uma Gen 3 que marchava contra a corrente era exatamente do que eu precisava. Eu estava feliz, havia encontrado o segredo. Quando meus colegas me isolaram, fiquei triste mas completamente feliz: amei Jesus abandonado. No dia seguinte, havia a excursão da turma, e cada uma de minhas companheiras havia decidido ao lado de quem se sentaria no ônibus. Eu estava sozinha. Era ele, mais uma vez, Jesus abandonado. Depois, na manhã da partida, uma colega me perguntou se poderia sentar-se a meu lado, porque sua amiga estava com outra pessoa. Eis o cêntuplo (Inédito).

Quando sua mãe lhe pergunta se isso lhe dói, ser chamada assim, ela responde: "Não, se eles me veem assim, está bem" (Summ. 86).

E ainda, essa resolução: "Amar as gens antipáticas" (Summ. 279). Quando, para ela, se torna difícil amar um professor da 6ª série, reflete:

Eu me esforço, no entanto, com todo o amor possível, para querer o bem dele, e Jesus viu esse sacrifício e me recompensou também, porque agora, quando estou distraída e não o saúdo, é ele quem dá o primeiro passo. Isto me dá força para continuar a amá-lo sem reservas e a continuar a crescer (P2, 119).

Haurindo forças de sua fé no amor de Deus, ela está segura da resposta de Deus a seu esforço de ser fiel a sua verdade. É o que chama de cêntuplo, o bom-dia do professor, e isso a encoraja a avançar nessa direção.

No primeiro ano do liceu, um professor diz à sua mãe que Chiara será advogada ou juíza. Maria Teresa não compreende e pede explicações à sua filha, que lhe diz:

Esse professor não crê em Deus e procura lançar uma luz negativa sobre o papa, critica suas viagens. Então, um dia, ergui a mão e lhe disse: "Não estou de acordo com o que o senhor acabou de dizer". E acrescentei que, se o papa viaja, é unicamente para evangelizar o mundo (Summ. 76).

Na adolescência, um mundo novo, fascinante abre-se para ela. É uma "crise", no sentido etimológico da palavra, ou seja, um momento importante no qual é preciso emitir lucidamente um julgamento e fazer a escolha de conformar-se a ele concretamente. A hipocrisia consiste em emitir esse julgamento e em não segui-lo: trapaceia-se, pois se fica aquém da verdade. A adolescência é, para ela, a ocasião de entrar na verdadeira liberdade, pois entra na verdade.

Chiara Luce sabe onde está a verdade e que esta lhe pede que lute para seguir Jesus e as indicações da Igreja. Ela reforça, assim, sua decisão primeira, que era radical, de ir até o fim da "santa viagem", sabendo que não se chega jamais. De fato, na vida espiritual, não se pode jamais dizer que se alcança uma velocidade de cruzeiro, não se pode comprazer-se na meta alcançada ontem. Não se pode jamais deixar de estar totalmente inclinado para a frente, para tentar alcançar o Cristo, visto que nós próprios somos alcançados por ele (cf. Fl 3,12). "Esquecendo – diz Paulo – o caminho percorrido e ansiando com todas as forças pelo que está à frente" (Fl 3,13).

Chiara Luce escolheu avançar por esse caminho de liberdade e de verdade. Mas como ela conseguiu isso em um mundo onde as armadilhas são tão numerosas e onde é tão confortável fazer como todo mundo? A liberdade é um dom e, paradoxalmente, mostramos uma grande dificuldade em acolhê-la, revelando-nos mais hábeis em criar condicionamentos, preferindo conservar o *statu quo* da escravidão a fazer o esforço de nos desvencilharmos daquilo que nos oprime.

O que ajudou Chiara Luce a amadurecer e a desabrochar na liberdade foi, inicialmente e acima de tudo, sua relação com Jesus, seu companheiro de viagem e de aventura: "A cada vez, peço um auxílio especial a Jesus", diz ela. Mas é preciso também prestar homenagem à coragem de Chiara em ousar reconhecer, consigo mesma, a verdade: no caso, sua fraqueza, sem buscar desculpas nem circunstâncias atenuantes. Essa lucidez de reconhecer abertamente suas fraquezas, que é também humildade, ela a teve também no confronto com os outros, seus formadores, e isso revelou grande importância para fazê-la crescer na vida espiritual.

Ela a teve ainda em relação à sua mãe, quando era pequena. Ela ama a verdade: "A senhora precisa acreditar em mim, pois jamais digo mentiras" (Summ. 101). Ela prefere a verdade à imagem que vai passar de si mesma, e a seu orgulho, que vai ser dolorosamente posto em xeque. Sua tia conta que certa manhã, quando seus pais estavam ausentes, a encontrou ainda na cama a uma hora tardia. Como se recusa a levantar-se, a tia a intimida, dizendo que vai contar para sua mãe, mas Chiara Luce replica: "Não vale a pena, pois antes que você diga a ela, eu já terei feito isso" (Summ. 101). E, sobretudo, ela tem essa abertura total com sua assistente, a jovem encarregada de formar as Gen 3, como o testemunha o texto citado na introdução.

O que a sustenta, enfim, é sentir-se ligada a outras meninas como ela. Sabe que não está lutando sozinha. Outras de sua idade o fazem. Daí o esforço exigido torna-se um ato de amor, torna-se dom: lutar contra si mesma ajudará as outras a fazer o mesmo. E esse dom é recíproco: recebe-se a força do esforço dos outros e da partilha deles. Chiara Luce está à escuta da experiência das outras, a fim de aprender, para crescer, como no exemplo citado anteriormente, quando ela encontra a solução na experiência de outra Gen 3, que fala de remar contra a maré. Até mesmo a contracorrente pode ser um ato de amor, de dom de si.

OITAVO DIA
É Jesus abandonado

> Dois dias depois de minha confirmação, fiquei pregada à cama com febre. Perdi um mês de aula. Para mim, aquilo foi um duro golpe, mas imediatamente disse a mim mesma: "Para mim, é Jesus abandonado, e devo amá-lo o máximo possível". Também me pus a fazer tantos atos de amor quanto possível a meus pais e, quando pude levantar-me, à minha avó, que mora no andar de cima. [...] Essa experiência fez-me descobrir Jesus abandonado. Quando voltei à escola, estava feliz de poder continuar a amá-lo em minhas companheiras, e sentia que ele me ajudava (Summ. 281).

O texto que apresentamos é uma carta de Chiara Luce, de novembro de 1984, a uma jovem de Gênova, responsável pelas Gen 3. A pequena enfermidade que a afeta e suas consequências recebem um nome aparentemente desmesurado, o de "Jesus abandonado".

No entanto, aqui nos encontramos no coração da espiritualidade de Chiara Luce, no tema central destes dias de oração, que o capítulo de hoje não será capaz de exaurir. Penetramos na alma de Chiara Luce, onde Deus habita e onde se consumou determinada qualidade de amor por Jesus que a fez entrar na vida de Deus.

Desde seus primeiros contatos com os Focolari, Chiara Luce encontrou esse Jesus sobre a cruz, que grita seu sofrimento ao Pai e lhe pergunta por que o abandonou. Quando

Jesus grita: "Meu Deus, meu Deus, por que me abandonaste?" (Mc 15,34; Mt 27,46), revela-nos que ele nos amou até dar sua vida não somente física, mas também o que ele tinha de mais íntimo e de mais precioso: sua relação com o Pai.

Ele sente-se separado do Pai, em um dilaceramento tanto maior porque havia afirmado: "O Pai e eu somos um" (Jo 10,30). Seu sofrimento é indizível, infinito como Deus, pois sua relação com o Pai é o que o faz Filho, é ela que lhe dá sua identidade, seu próprio ser. Esse sofrimento revela o imenso amor de Deus, Pai, Filho e Espírito: o Pai "não poupou seu Filho" (Rm 8,32), ele tanto amou "que deu seu Filho único" (Jo 3,16). Sobre a cruz do Filho se revela o amor trinitário, visto que Jesus nos dá tudo, até sua vida íntima com o Pai. O maior sofrimento do Filho obediente ao Pai coincide com a maior revelação do amor deles.

Chiarinha compreendeu-o e ficou fascinada por isso, pois não há idade para compreender o amor, e a infância compreende-o, sem dúvida, melhor do que quem quer que seja. Em uma carta a Chiara Lubich, de junho de 1983, ela já fala de uma "redescoberta": "Redescobri Jesus abandonado de modo todo particular". E ela comunica sua resolução de "considerar Jesus abandonado [seu] esposo e acolhê-lo com alegria, e sobretudo com todo amor possível" (P2, 129).

Em resposta ao grito que ela ouviu e quis ouvir, coloca--se em uma atitude de esposa que quer partilhar o destino de seu Esposo. Ela compreendeu que Jesus, em seu abandono, desposou todos os nossos sofrimentos, não importa quais sejam, quer se trate de um sofrimento físico, moral, quer de uma separação, de uma traição, e mesmo de nosso pecado. Daí, se ele juntou-se a nós em tudo o que nos faz mal, podemos, com razão, desposá-lo em todo sofrimento.

Ela acrescenta, em sua carta de junho de 1983: "Eu o experimentei em cada próximo com quem convivo". "Cada alma é Jesus que lança esse grito tão doloroso", escreve Chiara Lubich (LPT, 156), e Chiarinha encontra Jesus abandonado em cada próximo, em tudo o que, nele, possa aborrecer-nos, contrariar-nos, até mesmo repugnar-nos.

Até novembro de 1984, data da carta citada na introdução, ela teve várias ocasiões de conhecê-lo e de amá-lo nos pequenos sofrimentos e nos esforços para amar aqueles com quem ela convive. Também se revela certa maturidade nesta carta, da qual cada palavra é preciosa para nos fazer entrar no dinamismo do amor por Jesus abandonado e poder revivê-lo, por nossa vez.

A primeira palavra que toca é "imediatamente". "Imediatamente disse a mim mesma..." A febre escarlate, um mês de aula perdido: é um imprevisto, um duro golpe, que a perturba em seus projetos, em seu cotidiano, naquilo que lhe parecia essencial para a vida. Contudo, de agora em diante, ela está treinada a reconhecer nisso Jesus, que assumiu todos os nossos sofrimentos em seu abandono: "Para mim, é Jesus abandonado, e devo amá-lo o máximo possível".

"Para mim": o que parece, aos olhos de todos, um imprevisto doloroso, é, para ela, uma visita de Jesus. Ela está bem consciente de decifrar um sinal positivo em um sinal negativo. Ela acolhe essa visita e quer amá-lo. Já vimos, no capítulo anterior, que Chiara Luce reconhecia "Jesus abandonado" nas zombarias de seus colegas de classe. Marginalizada, repetia: é ele.

Cada sofrimento pessoal muda de sinal, torna-se proximidade de Deus. Não se trata de amar o sofrimento, mas aquele que o assumiu. Isso exige não buscar desvencilhar-se do sofrimento, como o instinto leva a fazê-lo, mas olhar no rosto daquele que o desposou, e desposá-lo por nossa vez.

"Devo amá-lo o máximo possível." É exatamente a lógica da célebre frase de Pascal: "Jesus está em agonia até o fim do mundo; não se deve dormir durante esse tempo". Jesus grita seu abandono em todas as dores do mundo; não se pode deixá-lo sozinho, mas assumir o sofrimento e partilhá-lo com ele, procurar melhor aliviá-lo, felizes de estar com ele.

"Também me pus a fazer tantos atos de amor quanto possível a meus pais e, quando pude levantar-me, à minha avó, que mora no andar de cima." Eis que, através dessa "visita" que ele nos faz, nós nos sentimos "eleitos", reis, e cheios de força para amar. Quanto a nós, compartilhamos o sofrimento de Jesus; quanto a ele, partilha conosco seu Espírito de amor. Nosso coração dilata-se e torna-se criativo para que os que nos rodeiam se sintam amados.

"Essa experiência fez-me descobrir Jesus abandonado." Quanto mais Chiara Luce ama, mais conhece aquele que ela ama, mais ele se revela a ela, e esse conhecimento é fonte de luz, de alegria, de felicidade: "Quando voltei à escola – diz ela –, estava feliz de poder continuar a amá-lo". O amor torna-se reciprocidade entre Jesus e nós, uma fonte inesgotável, a água que Jesus pede e quer dar à samaritana.

Retenhamos e meditemos, no final deste dia de oração, a primeira etapa na qual Chiara Luce nos introduz, a de ter ouvidos e coração bem abertos para ouvir ressoar em nós e na humanidade inteira esse grito que se estende através dos séculos, esse grito que anuncia as núpcias de Deus, em Jesus Cristo, com a humanidade: ele assumiu todos os sofrimentos, por amor, até experimentar em si mesmo a separação daquilo que era sua razão de ser.

NONO DIA

Minha vida se transformou

Estes últimos dias foram muito difíceis, porque, depois de ter mudado para Savona, houve inúmeras dificuldades, dentre as quais a escola e a saudade de Sassello, meu povoado ao qual estava muito apegada. Compreendi que era um rosto de Jesus abandonado. Não era fácil dizer-lhe sim, mas tentei fazê-lo, dando uma mão à mamãe para terminar a mudança, estudando minhas lições, porque essa é a vontade de Deus, tomando a resolução (a da santa viagem) todas as manhãs. Minha vida transformou-se, e saber que haverá encontros Gen 3 parece-me uma ajuda toda especial de Jesus para estar sempre pronta a enfrentar as fadigas (Summ. 281).

A possibilidade de acolher Jesus no sofrimento que me toca neste momento, hoje, este que, aqui e agora, me machuca, o do mundo que sofre, é-nos oferecida por Chiara Luce como uma verdade ao alcance de todos, e nos dá uma nova visão do mundo. Chiara Luce não cessa de descobrir essa verdade, de aprofundar sua escolha, pois a vida em união com Jesus abandonado é sempre nova, os rostos sob os quais ele nos vem visitar são sempre inesperados, desestabilizadores e contraditórios. Mas, quando se sabe reconhecê-lo, vai-se de descoberta em descoberta, de conhecimento em conhecimento.

Ao exemplo citado na introdução, acrescentemos uma carta de novembro de 1983 a Chiara Lubich:

> A realidade mais importante deste congresso foi a redescoberta de Jesus abandonado. Antes, eu vivia de maneira bastante superficial e o aceitava porque esperava dele a alegria. No decurso deste congresso, compreendi que me afastava da direção certa. Eu não devia instrumentalizá-lo, mas amá-lo por ele mesmo e nada mais. Eu redescobri que Jesus abandonado é a chave de união com Deus e quero escolhê-lo como meu primeiro esposo e me preparar para sua vinda. Preferi-lo (P2, 130).

"Eu esperava a alegria." Chiara Luce é lúcida, compreendeu que um perigo nos espreita: o de visar à alegria que jorra do amor por Jesus abandonado, em vez de unir-nos a ele em seu sofrimento e de beber com ele o cálice. Com efeito, o abraço é fonte de felicidade, já aludimos a isso, mas desde que nosso abraço seja sincero. Não se pode trapacear no amor por Jesus na cruz; é preciso olhar no rosto, não desviar nosso olhar do sofrimento: "Eles olharão para aquele que transpassaram" (Jo 19,37).

O verdadeiro amor deseja ardentemente se consumar com aquele a quem se ama. É, portanto, uma escolha fundamental, a de uma esposa por seu esposo. Jesus abandonado desposou a humanidade em todos os seus sofrimentos, inclusive o pecado (cf. 2Cor 5,21). Se ele não fez triagem, a esposa não o pode fazer tampouco: ela deve partilhar tudo com ele, preparar-se para sua vinda, e até mesmo preferi-lo.

Preferi-lo. Chiarinha, a exemplo de Chiara Lubich, utiliza este verbo. Repitamo-lo: não se trata de amar nem, menos ainda, de preferir o sofrimento, mas sim a Jesus, que dele se revestiu em seu abandono. Ora, suportá-lo de má vontade, fazer má figura diante dele, não seria amor.

Essa escolha radical é colocada à prova da fidelidade da vida de todos os dias, nas pequenas e nas grandes coisas, como ilustra o texto escolhido na introdução. É uma carta a sua assistente Gen 3 de Gênova, datada do outono de 1985. Chiara Luce não consegue, ou antes, já não consegue dizer seu sim imediatamente, mas seu sim se traduz em atos, no esforço da vontade para superar seu sofrimento, para esquecer-se de si mesma a fim de amar:

> Tentei [dizer sim], dando uma mão à mamãe, [...] estudando minhas lições, porque é a vontade de Deus, tomando a resolução (a da santa viagem) todas as manhãs.

Em uma carta a uma amiga Gen 3, do dia 14 de julho de 1986, ela não esconde o esforço exigido para unir-se a Jesus na cruz de suas contrariedades:

> Você sabe que fui reprovada e, para mim, o sofrimento foi *muito grande*. De imediato, não conseguia realmente dar esse sofrimento a Jesus. Levei muito tempo para recuperar-me um pouco, e ainda hoje, quando penso nisso, tenho vontade de chorar. É Jesus abandonado (P2, 215-216).

A escolha que ela havia feito quando pequenina, na luz e no entusiasmo de poder amar Jesus, era ponderada e sincera, era uma escolha de amor. Quando ela se dá conta de que, na vida comum, é necessário um grande esforço para ser fiel a isso, para realizar atos de amor e de coerência com essa escolha, ela o faz e refaz com toda boa vontade. Todo o edifício de sua vida repousa sobre essa pedra angular.

Mas Deus é fiel, tão fiel que a faz penetrar em uma nova dimensão: "Minha vida transformou-se", diz ela. Ela transformou-se porque Deus lhe comunica um conhecimento mais profundo de seu amor, faz-lhe conhecer a doçura e a ternura indizíveis da união com ele: "Redescobri que Jesus abandonado é a chave da união com Deus". União e conhecimento de Deus caminham lado a lado: "Todos me conhecerão desde o menor até o maior" (Hb 8,11); "Eles serão instruídos por Deus" (Jo 6,45).

Dessa dupla fidelidade, a de Deus e a de Chiara Luce, surgiu um amor mais profundo por aqueles que a rodeiam. O amor por Jesus abandonado na cruz nos impulsiona a ir em direção a nossos irmãos, a compreendê-los, a assumir seus sofrimentos. De fato, não nos cansamos de repetir: para Chiara Luce, amar é amar seu próximo que ela vê, quem quer que seja, em Deus e por Deus, que ela não vê.

Assim como o Verbo, na encarnação, fez-se um de nós para fazer-nos filhos de Deus, igualmente o estilo de amor que Jesus na cruz nos indica é o de "descer" lá onde se encontra nosso irmão, para "subir" com ele e introduzi-lo conosco na vida de Deus. "Fazer-se um", fazer-se o outro pode parecer um rebaixamento, um empobrecimento, mas é, na realidade, um crescimento de amor, um enriquecimento. Jesus abandonado ensinou a Chiara Luce a arte de amar, e comunicou-lhe seu estilo de amor.

Aquele que se esvaziou de sua divindade ensinou-lhe a fazer calar suas ideias, seu próprio interesse, até suas inspirações, para "fazer-se um" com seus próximos, o que significa servi-los, amá-los (cf. C. Lubich, PA, 41-42). Tal amor é uma participação na vida de Deus, que é o Amor, e edifica a comunidade dos fiéis, a Igreja. Com razão, Chiara Luce pode falar de uma vida transformada.

A vida ganha um sentido, a realidade é assumida em uma visão positiva e profética, quando se reconhece concretamente a presença de Jesus na cruz, oculta por trás de todo sofrimento pessoal que nos atinge, ou por trás do sofrimento do mundo, que nos esforçamos, segundo nossa medida, por aliviar.

DÉCIMO DIA
Além da ferida

Estou muito feliz que você tenha podido participar do encontro de Narzole, e visto que o encontro não foi fácil, como o diz, justamente por isso deve ter sido magnífico. O sofrimento superado liberta.

Ao ler sua carta, lembrei-me de meus primeiros congressos Gen, particularmente recordo o primeiro congresso em Roma, aos 9 anos de idade. Aquele encontro foi muito profundo e decisivo, com algum Jesus abandonado [ou seja, alguns sofredores] para oferecer a nosso esposo.

Chiara [Lubich] disse-nos que a cada vez que um sofrimento se apresenta, devemos ir "além da ferida".

Foi exatamente isso o que decidimos, não é verdade? É de fato nosso caminho (P2, 354).

O amor por Jesus na cruz, em seu abandono, transforma a vida, a visão do mundo, opera uma alquimia divina, se é verdade que, como o diz Chiara Lubich, "A cruz traz um Deus, [...] e que a redenção é universal e superabundante" (PSp, 142).

Levada a dizer-lhe sim, mesmo quando ela não tem vontade de fazê-lo, Chiarinha saberá enfrentar a grande prova da doença e dirá novamente seu sim de modo heroico e contínuo àquele que considera seu esposo.

Estamos em março de 1989. Maria Teresa nos relata o retorno de Chiara Luce do hospital, onde, depois de sua primeira quimioterapia, ela acaba de ser informada da gravidade de sua doença.

> Seu rosto estava marcado pelo sofrimento. Ela jogou-se na cama [...] e fechou os olhos. Eu não sabia como me comportar. Fiz uma tímida tentativa: "Falemos um pouco, você não me conta nada?". Ela respondeu: "Não agora". E ficou deitada durante meia hora, depois me chamou, e estava novamente com um sorriso, com o rosto de sempre. E me disse: "Agora pode falar". Um mês depois, ela confessou-me que essas horas tinham sido as mais duras, as mais dramáticas de sua vida; mas também aquelas em que ela chegara a dizer seu sim a Jesus, que lhe pedia algo grandioso, algo a mais. "Era chegado o momento" – foi ela quem me disse – "em que ela devia identificar-se com Jesus abandonado, como ela havia aprendido tantas vezes de Chiara Lubich" (Summ. 35).

Identificar-se com Jesus abandonado. A isso é que ela adere durante esses 25 ou 30 minutos dramáticos. De agora em diante, ela vai colher os frutos da doçura da união com Deus, jamais experimentados: "Agora vivo uma relação muito intensa com Jesus; você nem sequer pode imaginar" (Summ. 91). Ela alimenta um amor cada vez mais profundo e delicado para cada um. Todos aqueles que ela encontra, que vão visitá-la, ficam impressionados pela luz que dela emana, a ponto de pensarem que ela é quem está na verdadeira vida, ao passo que os outros, os saudáveis, estão na obscuridade.

Quando ela escreve, no dia 22 de fevereiro de 1990, a Daniela Cerrati, uma Gen 2, a carta citada na introdução, torna-se mestra na arte de viver com Jesus abandonado na cruz, e na arte de amá-lo. Ela pode reler retrospectivamente sua experiência e tirar as conclusões: "É nosso caminho", é a via que nos caracteriza. E, a seguir, esta frase magnífica: "O sofrimento superado liberta". Chiara Luce, pregada na cama, quase totalmente dependente, experimenta uma grande liberdade.

Jesus abandonado é a via que nos conduz a Deus e nos permite edificar o corpo de Cristo com nossos irmãos, se soubermos ir "além da ferida". Essa expressão de Chiara Lubich significa um amor tão verdadeiro e tão forte pelo Abandonado, que o Ressuscitado resplandece em nós.

"Jesus abandonado" – escreve Chiara Lubich –, "estreitado, abraçado, querido como o único tudo da vida, consumido em um conosco, que nos consumimos em um com ele, tornados dor com ele. Dor. Aí está tudo. Eis como alguém se torna Deus (pela participação), pelo Amor" (PSp, 144). Amar Jesus abandonado com essa medida nos faz participar da maior mutação de toda a história da humanidade: a ressurreição de Jesus.

Chiara Luce quis esse Jesus como único de sua vida:

> Compreendo que Deus me pede algo a mais, algo mais grandioso. Talvez fique neste leito durante anos. Não sei. A única coisa que me interessa é a vontade de Deus, fazê-la bem, no momento presente (Inf. 107).

Ela já não diz "Seja feita tua vontade", mas quer de todo o coração o que o esposo quer: "Tu o queres, Jesus, eu o quero também", como escreve a Chiara Lubich, no dia 19 de julho de 1990:

Sim, eu também repito com você: "Se tu o queres, Jesus, eu também o quero". Queria ainda dizer-lhe outra coisa: aqui, todo mundo pede um milagre (e você sabe quanto o desejo!). Eu, porém, não consigo pedi-lo. Penso que essa dificuldade que encontro para pedir vem do fato de que sinto que não faz parte da vontade de Deus. Será que é isso mesmo? O que você pensa a respeito? (P2, 292).

Em relação ao sofrimento, Chiara Luce tem duas atitudes que, pela lógica, pareceriam inconciliáveis, mas são uma consequência da outra na lei do amor. Ela quer, com toda a força de sua vontade, unir-se a Jesus em seu sofrimento, quer estar com ele naquilo que lhe dói. Ao mesmo tempo, porém, e com a mesma força de vontade, ela sabe e crê que esse mal, pessoal ou de outra pessoa, foi abolido; esse rasgão foi novamente costurado, a paz foi restabelecida, e que foi Jesus quem operou essa mudança.

Ela crê que o Ressuscitado já está, em germe, no Abandonado. Jesus já venceu esse mal, redimiu esse pecado, reconciliou esses lados separados: basta estar com ele, querê-lo como o único de toda a vida, recolher os frutos de sua morte e de sua ressurreição e dar-lhe a alegria de ver que seu sofrimento não foi em vão. Conservando esses dois opostos, que formam uma unidade, podemos estar "além da ferida", viver com Jesus sua morte e sua ressurreição ou, antes, sua ressurreição em sua morte.

Contudo, esse amor jamais é adquirido, deve ser incessantemente construído, pois os rostos de Jesus abandonado são múltiplos. Chiara Luce jamais se apoia sobre o que já foi feito; ela recomeça a cada dia a ir além da ferida, em um dinamismo de morte e de ressurreição. No momento presente, o amor a faz entrever o passo seguinte a ser dado. E esse amor a faz encontrar o Ressuscitado. O rosto de sofrimento era o abandono, certamente, mas o Abandonado é Deus.

No fim da vida, ela pode dizer: "Já não peço que Jesus venha buscar-me, pois isso daria a impressão de que já não quero sofrer. Ao contrário, quero oferecer ainda esta dor a Jesus e levar a cruz com ele" (Summ. 158); o que é como se dissesse: "Creio [...] em Jesus Cristo [...], que sofreu sob Pôncio Pilatos, foi crucificado, morreu, foi sepultado, desceu aos infernos, ao terceiro dia ressuscitou dos mortos".

Chiara Luce centralizou o coração da fé cristã, pois o objeto do "crer" é sempre a ressurreição, o poder de Deus de transformar a morte em vida.

DÉCIMO PRIMEIRO DIA

A fé de Chiara Luce

"Depois de conhecer Chiara, era normal que a gente se pusesse questões profundas e que se perguntasse como estava vivendo a fé. Foi o que aconteceu comigo, mas eu não fui o único a confrontar meu modo de vida com o que ela nos transmitia" (uma testemunha, Summ. 285).

"Se os jovens possuíssem nem que fosse um grão de tua fé, a Igreja estaria salva" (seu bispo, D. Maritano, Summ. 49).

"'Os papéis inverteram-se. Você me superou. É você que agora faz o papel de mãe.' Eu lhe dizia isso pensando, sobretudo, no testemunho de fé que ela me dava" (Maria Teresa, a mãe, um mês antes da morte de Chiara Luce, Summ. 75).

No momento em que a filha dá o último suspiro, os pais recitam o Credo (Summ. 131).

Chiara Luce, por seu jeito de ser, de viver e de morrer, é uma testemunha notável da fé, e todos os que a conheceram são unânimes sobre esse ponto, como o provam as declarações citadas na introdução. Sob esse aspecto, ela está na linha pura do Novo Testamento, onde a fé é tão central que os termos "crer" e "fé" aparecem mais frequentemente do que a palavra amor. Os discípulos de Jesus não são definidos como os "crentes", cujo nome eles trazem?

Tomemos alguns traços da atitude de crer em São Paulo e em São João. "Pela fé", diz-nos Paulo, somos salvos (2Ts 2,13), temos a vida (Rm 1,17), somos justificados (Rm 3,22.28.30), tornamo-nos herdeiros de Deus (Rm 4,20), filhos de Deus (Gl 3,26). Mas o que significam estas duas palavras: "pela fé"?

Simplificando bastante, digamos que a fé, segundo Paulo, tem sempre por objeto a ressurreição de Jesus; ela indica que alguém considera verdadeiras sua morte por nossos pecados e sua ressurreição por nossa justificação (Rm 5,25). Todavia, considerar isso verdadeiro não basta. É preciso que o ser humano faça própria essa realidade, aceitando o meio pelo qual essa justificação-filiação nos foi dada, a saber, a morte ignominiosa do Cristo na cruz. Ali, ele assumiu até o fim nossa condição de seres humanos, indo até o ponto de revestir-se de nossa separação daquilo que nos faz ser.

É preciso que o ser humano entre livremente na loucura de Deus, mais sábia do que os homens, no escândalo de seu rebaixamento, onde ele se despe de todo o seu poder (cf. 1Cor 1,21-25). Em resumo, é preciso que ele participe disso! Seria um contrassenso considerar verdadeiras a morte e ressurreição de Jesus, a transformação do mundo e da história que daí decorre, e não comungar de sua morte nos pequenos sofrimentos da vida cotidiana, a fim de ressuscitar com ele.

Ademais, a participação na Páscoa de Jesus exige que queiramos dar a Deus a alegria de ver que seus dons não são desperdiçados, mas postos a frutificar plenamente. Se Deus nos conciliou consigo em Cristo, deixemo-nos reconciliar com Deus, como Paulo nos suplica fazê-lo (2Cor 5,20; cf. Rm 5,6-11). É exatamente a realidade expressa pela água e pela palavra de nosso Batismo, que é o sinal e o instrumento dessa transformação (cf. Rm 6,4-5).

A vida e a morte de Chiara Luce, vistas sob essa ótica paulina, são ricas de ensinamentos. Ao reconhecer e ao abraçar Jesus em seu abandono, ela confessa sua fé no Ressuscitado e já vive como ressuscitada com o Cristo (Ef 2,6), fazendo seu o dinamismo de sua morte e de sua ressurreição, degustando plenamente a justificação, a filiação. Por meio de seu abraço do crucificado-abandonado, ela "deixa-se reconciliar" e vive plenamente a aliança com Deus na reciprocidade.

Ela não quer desperdiçar nada de sua redenção, fazendo com que não seja em vão. "Mamãe, esta noite foi terrível, mas não estraguei um só momento, pois ofereci tudo a Jesus" (Summ. 39). Nesse sentido é que ela faz suas, durante a ação de graças, as palavras de Chiara Lubich, colocadas em canção: "Eis-me aqui, Jesus, hoje novamente, diante de ti, totalmente renovada, tal como me queres. Serei a resposta viva a teu 'Por quê?', um fruto digno de teu abandono" (cf. Summ. 51).

Para João, no quarto evangelho, escrito "para que creiamos", a atitude do "crer" constitui a linha de demarcação entre a luz e as trevas. Se cremos, diz-nos São João, já temos a vida eterna: "Quem nele crê, tem a vida eterna" e não morrerá (cf. 3,15; 5,24; 6,47); recebemos a filiação: "Aos que o receberam, [...] ele deu o poder de se tornarem filhos de Deus" (1,12), onde a expressão "receber Jesus" é sinônimo de crer que ele é o Filho. E ainda, nosso "crer" nos faz participar da glória de Deus: "Se creres, verás a glória de Deus" (11,40), e nos assegura a felicidade (20,29).

A hora de Jesus, a de "passar deste mundo a seu Pai" (13,1), que coincide com a hora da cruz, é, no quarto evangelho, a hora em que as realidades mudam de sinal. Exatamente como a água muda em vinho nas bodas de Caná, que são antecipação da hora da cruz: "Que queres de mim, mulher? A minha hora ainda não chegou" (2,4). A cruz de Jesus é, na perspectiva joanina, a hora de sua glorificação. Para aquele que a considera com fé e amando aquele que nos amou, toda cruz cura do mal que ela representa, como a serpente elevada por Moisés no deserto (3,14). Somente essa aceitação, essa coragem de olhar de frente a cruz nos dá a vida, muda o sinal do sofrimento em sinal de salvação.

A fé joanina é ainda, em sua essência, um encontro de amor com o Cristo. Crer é encontrar Jesus e amá-lo. "Se me amais, aplicar-vos-eis a observar os meus mandamentos" (14,15); "Tu me amas?" (21,17).

Quando Chiara Luce, hospitalizada, responde ao arcebispo de Turim, que lhe pergunta o motivo de seu rosto radiante, com estas simples palavras: "Esforço-me por amar Jesus" (Summ. 39), ela situa-se nessa linha joanina, esforçando-se por crer em seu amor e por permanecer com ele, de olhos fixos nele, e por partilhar seu sofrimento. E uma doença mortal transforma-se em sinal de vida e de ressurreição. Ela é de fato testemunha da palavra segundo a qual: "Aquele que 'crê', ainda que morra, viverá" (Jo 11,25).

A fé de Chiara Luce! Que simplicidade e que maravilha! Com São João, ela pode resumir-se a uma palavra: ela amou Jesus apaixonadamente, seguiu-o por sua via, no seu retorno para o Pai. Com São Paulo, pode-se dizer que, próximo da morte, ela ressuscitou com o Cristo, "visto que [ela] acreditou na força de Deus que ressuscitou [Jesus Cristo] dos mortos" (Cl 2,12). Ela é mesmo uma testemunha da verdade da Palavra do Deus vivo.

É a fé que Jesus nos pede, a que nos ensinaram os primeiros cristãos e da qual dá testemunho o Novo Testamento; a fé que remove montanhas e nos faz passar para a vida de Deus.

DÉCIMO SEGUNDO DIA
Sabedoria e luz

Minha última hospitalização coincidia com o congresso das Gen 2 em Castel Gandolfo. Certa manhã, encontrava-me particularmente doente. Eu sabia que, naquele dia, Silvana [uma das primeiras companheiras de Chiara Lubich, encarregada das meninas Gen naquela época] e as Gen teriam feito um *consenserint** por mim. Eu também tinha o desejo de unir-me a elas, e com mamãe, fizemos um *consenserint*.

Como estamos no ano do Espírito Santo, pedi ao Pai, além de minha cura, que ilumine com seu Espírito os responsáveis pelo encontro e, para todas as Gen, a sabedoria e a luz.

Foi um momento de Deus: eu sofria muito fisicamente, mas minha alma cantava. Continuamos a rezar longamente para que aquele momento não passasse (P2, 288).

A vida espiritual de Chiara Luce Badano é ato contínuo, ainda que o ponto culminante seja a doença que a levou à

---

* *Consenserint* vem do verbo latino *consentio*, na 3ª pessoa do plural do futuro composto do presente do indicativo ou do futuro composto do subjuntivo. Na espiritualidade dos Focolari, é o nome dado à oração ensinada por Jesus quando diz: "Eu vos declaro ainda: se dois dentre vós, na terra, se puserem de acordo [*consenserint*] para pedir seja o que for, isto lhes será conhecido por meu Pai que está nos céus" (Mt 18,19). [N.T.]

morte. A partir daí, ela ultrapassa uma nova plataforma e entra em uma nova dimensão.

A transformação que se opera nela e que, em determinados momentos, se assemelha a uma transfiguração, é a obra do Espírito Santo que jorra do Cristo na cruz. O Espírito que Jesus entrega ao Pai ("Pai, em tuas mãos entrego meu espírito" – Lc 23,46) e que é dado em plenitude àquele que se une aos sofrimentos de Jesus. A dimensão na qual ela entra, mediante seu sim, é certamente a de Pentecostes.

Nela irrompe o Deus que só sabe unir e amar, o laço de amor entre o Pai e o Filho. Ele tomou posse de sua alma a ponto de parecer que Chiara Luce não estava vivendo sozinha, nem morrendo, mas, animada pelo Espírito, ela só sabe criar laços, suscitar e reforçar relações. Ela só sabe amar, e isso, em troca, suscita o amor, a atmosfera do amor. O sujeito que vive nela já não é um "eu", mas um "nós".

Releiamos, nessa perspectiva, a carta a Chiara Lubich, de 20 de dezembro de 1989, citada na introdução. Ela dá a Chiara Lubich o nome de "mamãe", reforçando ainda mais a ligação com ela. Sua mãe e ela se unem em pensamento ao congresso dos Gen, que acontece perto de Roma. A oração delas do *consenserint* é típica do Movimento e se baseia em Mt 18,18: "Eu vos declaro ainda: se dois dentre vós, na terra, se puserem de acordo para pedir seja o que for, isto lhes será conhecido por meu Pai que está nos céus". "Se *consenserint*" (se puseram de acordo), em latim; daí o nome dado a essa oração em uso entre os Focolari. Chiara Luce, Maria Teresa, as Gen reunidas em Castel Gandolfo: um "nós" que reza em unidade.

O Amor personificado fez uma entrada triunfal em sua alma, trazendo-lhe a plenitude dos sentidos, a paz, a alegria. Seu sofrimento é submerso no Amor. Ela conhece a doçura e a ternura do Espírito consolador e pode dizer com toda verdade: "Eu sofria muito, mas minha alma cantava". Nesse vaso de barro, que é seu corpo ferido, degradado, debilitado, o Espírito traz esse tesouro que é o amor: "Já nada mais tenho de são, mas ainda tenho o coração e ainda quero amar" (Inf. 56).

O Espírito Santo! Era o tema aprofundado pelos Focolari naquele ano. Chiara Luce experimentou sua vinda no mais íntimo de si mesma, uma vinda que ela deseja sempre mais, tendo uma predileção pela oração: "Vem, Espírito Santo, envia-nos do alto do céu um raio de tua luz". Um dia, pouco antes de sua morte, quando o sacerdote que lhe trouxera a comunhão acabava de voltar para casa, ela pede que o chamem de volta, a fim de que ele recite "a oração" (cf. Inf. 107).

Cada palavra dessa oração devia ser um bálsamo para sua alma e seu corpo, e lhe dava força para continuar e para amar até o fim: "Pai dos pobres, doador dos dons, luz dos corações".

O Espírito de sabedoria ajuda a discernir o sentido da vida. Ela degustou o maravilhoso sabor da sabedoria quando, compreendendo a gravidade de sua doença e dizendo seu sim, ela viu claramente. Todos temos necessidade de recuperar a vista como o cego de nascença. O que ela viu? O plano de Deus sobre sua vida, como testemunha sua mãe: "Ouvi Chiara interpretar o sofrimento a que ela havia sido chamada como resultado de longos preparativos. Dizia que Jesus, sem que ela o compreenda, a havia preparado durante os anos precedentes para suportar grandes sofrimentos" (Summ. 75).

De agora em diante, ela sabe reconhecer também as sombras que ofuscam a luz da sabedoria:

> Oh, como gostaria ter deter o trem que me distanciava sempre mais, em grande velocidade! Mas eu ainda não compreendia. Estava demasiado absorta por coisas insignificantes, fúteis e efêmeras. Outro mundo esperava-me e só me restava abandonar-me. Agora, porém, sinto-me envolvida em um esplêndido desígnio que se me revela pouco a pouco (Summ. 107-108).

Essa luz que lhe desvela um desígnio esplêndido, faz-lhe ver sua doença como um dom de Deus (Summ. 22), faz-lhe compreender que ela chega ao momento exato, senão "talvez eu me tivesse perdido" (Summ. 75). E ainda: "Jesus fez benfeitas as coisas, ele me deteve no momento certo" (Summ. 257). O próprio Jesus não interpretou seus sofrimentos e sua morte como uma necessidade? (cf. Lc 24,26; Mc 8,31; Jo 11,51).

Eis por que ela não pode pedir nada de mais belo, para aqueles que empreenderam com ela a "santa viagem", do que "a sabedoria e a luz". Como ela queria que esse Espírito se difundisse sobre todos! Diante de uma grande manifestação dos jovens, organizada pelas Gen, no dia 26 de março de 1990, ela lhes escreve:

> Eu vos ofereço meu nada para que o Espírito Santo difunda sobre todos esses jovens seus dons de amor, de luz e de paz, a fim de que todos possam compreender que a vida é um dom imenso e gratuito,

e como é importante vivê-la a cada instante na plenitude de Deus (P2, 354).

"Dá teus sete dons." O Espírito de força que ela invoca a assiste em todo momento. O Espírito de piedade ajuda-a a amar Jesus e a oferecer-lhe sua vida em preparação para as núpcias. O Espírito de inteligência a faz reconhecer a visita do esposo: "Sinto-me tão pequena e o caminho a percorrer é tão árduo, que muitas vezes me sinto submersa pelo sofrimento. Mas é o Esposo que vem me buscar, não é?" (P2, 291-292).

Eu creio no Espírito Santo

O Espírito de amor do Pai e do Filho é a "luz bem-aventurada que vem encher até o íntimo o coração de seus fiéis". Chiara Badano está plena dele, ela que traz o nome de "Luz", que Chiara Lubich lhe deu e que não lhe podia melhor convir.

Unida a Jesus, a luz do mundo (cf. Jo 9,5), ela projeta e irradia um facho de luz, "fascina pela transparência de sua alma", segundo o testemunho de seu bispo (Summ. 467). Há uma vocação mais bela do que ser chamados, como diz São Paulo, a ser "fontes de luz no mundo" (Fl 2,15)?

DÉCIMO TERCEIRO DIA

Um povo em marcha

Mamãe, tenho realmente vergonha de escrever-lhe este bilhete, e não creia que, se me comportei dessa maneira, eu não tenha remorsos; ao contrário, eu os tenho muitos (quase não consigo dormir).

Já não tenho coragem de pedir perdão pela enésima vez.

Mamãe, eu lhe prometo (e se eu não conseguir, peço-lhe que me ajude e me chame a cada vez que vir retirar-me para meu quarto. Me esforçarei para não resmungar!!), eu lhe prometo desfazer a mesa como em Varazze. Já não quero causar-lhe tão grandes sofrimentos. Sou preguiçosa, eu sei, mas vou tentar não sê-lo mais. Puna-me amanhã, com razão eu mereço (P2, 224).

É possível que este bilhete, datado do outono de 1988, tenha sido escrito quando a doença já havia atingido Chiarinha, e que sua recusa em ajudar a mãe a arrumar a cozinha depois da refeição, trancando-se no quarto, tenha sido motivada pela fadiga. O que quer que seja, é uma obra de arte de fineza e de sensibilidade.

Chiara coloca-se de tal maneira no lugar de sua mãe que lhe dita o comportamento: "ajude-me, chame-me, puna-me". Ela esquece-se completamente de si e simplesmente ama. Chiara Luce pôde crescer e unir-se a Jesus porque ela amou, e é no amor que desenvolveu as virtudes. Ela assume o sofrimento que pode ter provocado nos outros ou que alguém lhe possa ter infligido. Ao fazer isso, transforma seus erros e os dos outros em amor. Como Jesus, que assumiu nossos pecados e os transformou em amor para o Pai.

No seu leito de enferma, ela pede perdão pela mínima coisa (cf. Summ. 94). Pede perdão à sua mãe e à sua tia "por ter faltado com a caridade" (Summ. 135). Ela concede também seu perdão ao médico que vem visitá-la em seus derradeiríssimos dias e lhe diz palavras que a ferem. Quando ele vem desculpar-se com Chiara Luce, ela quer não apenas lhe perdoar, mas oferecer-lhe um de seus livros (Summ. 54). Se ela ouve críticas a respeito de alguém, não julga, simplesmente diz: "Deus o julgará" (Summ. 260).

Um dia, quando sua mãe lhe pergunta se sofre muito, ela lhe responde com um sorriso: "Jesus me limpa com água sanitária. A água sanitária queima, tira todas as manchas, e quando eu for para o paraíso, serei branca como a neve" (Summ. 48). Com isso, ela indica que reconhece que é Deus quem age nela, e que através de seus sofrimentos – quer fossem físicos, quer se tratasse de sua pequenez, de suas dificuldades para permanecer no amor – ele realizava seu plano de amor. O papel que lhe cabia, seu papel único, era amar e deixá-lo agir, em uma confiança e abandono incondicionais.

Tudo isso é evidência de que a Igreja em que Chiara Luce avança ao encontro do Esposo – a Igreja doméstica, a Igreja local e o movimento de Igreja a que ela pertence – é um povo em marcha, rumo à unidade e à santidade. Essa

Igreja que deve sempre se purificar e se fortalecer em uma comunhão recíproca, onde cada um está à escuta do outro.

Chiara Luce tem sede de aprender, com aqueles que a precederam no Paraíso, a se preparar para morrer. Dez anos antes, dois jovens dos Focolari de Gênova, Alberto e Carlos, bastante unidos entre si, haviam morrido com a idade de 20 anos.

Alberto morreu acidentalmente, no dia 18 de agosto de 1980, e, no dia seguinte, Carlos Grisolia (que Chiara Lubich havia apelidado de "Vir", por ser forte) foi hospitalizado devido a um tumor fulminante e morreu quarenta dias depois. A causa de beatificação deles começou em 2008 e, fato inédito, trata-se de uma única causa para dois amigos ligados por sua pertença ao mesmo grupo de jovens dos Focolari e por seu desejo comum de viver por Jesus.

Quando a mãe de Carlos vai visitar Chiarinha, ela lhe explica que seu filho oferecia seus sofrimentos pela Igreja e repetia amiúde as palavras de Chiara Lubich: "Tenho apenas um esposo sobre a terra" (PSp, 142). "Vivo para encontrar Jesus" era outra frase de Chiara Lubich, que ele adotou como lema. Quanto mais se aproximava seu fim, mais crescia o desejo de Carlos de unir-se a Jesus: "É maravilhoso ir ao encontro de Jesus", dizia ele. "Quero pertencer inteiramente a Deus."

A morte de Vir fascina Chiarinha. No dia 19 de julho de 1990, ela escreve a Chiara Lubich:

> Esta noite tenho o coração cheio de alegria, e sabe por quê? Recebi a visita da mãe de Vir, e foi um momento em que a presença de Jesus entre nós era muito forte. [...] Oh, mamãezinha, será que também

eu vou conseguir ser fiel a Jesus abandonado e viver para encontrá-lo, como o fez Vir? (P2, 291-292).

A morte de Chiara Luce, que podemos definir como uma morte de amor e no amor, é fruto de toda uma comunidade: "Sinto fortemente a unidade de vocês, suas oferendas, suas preces que me permitem mergulhar na santa viagem e renovar meu sim a cada instante" (Inf. 122).

Quando alguém lhe agradece a oferenda, ela responde: "Não faço nada, ao contrário, vocês é que me ajudam" (Summ. 292). "Sua consagração, expressão autêntica de seu amor por Deus, ajuda-me a ser fiel a Jesus abandonado", escreve ela a um focolarino (Summ. 294).

Ela escreve ainda a uma Gen, no dia 25 de maio de 1990: "Obrigada ainda pelas orações e pelas oferendas. Elas são muito *importantes*! Realmente, se não sentisse essa forte unidade que nos une, não conseguiria avançar" (P2, 291).

Seus últimos momentos não passam de agradecimentos, o que deixa perplexo seu pai, Ruggero, que testemunha: "O comportamento de minha filha me parecia impossível: com grande alegria e simplicidade, ela saudava e agradecia pelo apoio que recebia e pelas orações" (Summ. 161).

Um dia, no hospital, Chiarinha e seus pais leem e meditam uma mensagem de Chiara Lubich e se dão o que eles têm de mais íntimo em uma comunhão de espíritos. Chiara Luce partilha como ela ofereceu "o sofrimento provocado pela doença e pela quimioterapia" e, logo depois, deixa explodir sua alegria pela felicidade da família: "Quando Jesus está presente entre nós, como neste momento, nós somos a família mais feliz do mundo" (Summ. 155).

Ruggero comenta: "E era verdade, porque, apesar da situação tão dramática, quanto a mim, estava sereno e me lembro de que Chiara cantava em alta voz" (Summ. 154-155). "Chiara queria dizer – observa Maria Teresa – que nossa grande felicidade vinha do Espírito Santo presente no meio de nós, porque nos amamos reciprocamente" (Summ. 77).

É um grande sinal de amor, de confiança narrar uns aos outros os próprios esforços para viver a vida cristã, e quando se consegue isto, Jesus, seu Espírito, a Igreja estão presentes.

É, sem dúvida, o que queria dizer D. Maritano, certo dia, ao sair do quarto de Chiara Luce: "Este milagre que todos nós pedimos, quanto a mim, já o vi". Interrogado, ele explica-se: "[Eu o vi] ao olhar para vocês três" (Summ. 49). Ele via a Igreja viva, o Espírito de Jesus em ação, "a casa é a escola da comunhão" (NMI 43).

DÉCIMO QUARTO DIA

Onde reina o amor recíproco

Somos um corpo. Se me dói aqui, todo o meu corpo se ressente. Eis por que devo esforçar-me para não me subtrair à graça de Jesus, a fim de não causar dano a todo o resto do corpo. Estamos ligados, somos um (Summ. 261).

"Não há mais nem judeu nem grego; já não há mais nem escravo nem homem livre, já não há mais o homem e a mulher; pois todos vós sois um só em Jesus Cristo" (Gl 3,28). "Um só em Jesus Cristo" significa "uma única pessoa", um único sujeito. Com Chiara Luce, continuamos a escavar a realidade da Igreja, corpo de Cristo.

Parafraseando o apóstolo Paulo, poder-se-ia dizer: já não há nem doente nem são entre os amigos que vêm apoiar Chiara, já não há pai, nem mãe, nem filha na família Badano, mas todos estão projetados uns nos outros e são "uma única pessoa".

Para viver a realidade de ser "um só em Jesus Cristo", Chiara Luce multiplica os pactos, ou seja, os compromissos explícitos e mútuos de viver cada um no amor de Jesus, para ajudar-se e apoiar-se. Gianfranco Piccardo, que devia partir para a África, testemunha:

"Fiz um pacto com Chiara: de minha parte, ofereceria por ela as dificuldades encontradas na África, e ela, por mim, seus sofrimentos. Foi um pacto muito forte, que sempre tive presente em minha mente" (Summ. 316).

A um padre que veio visitá-la, Chiara Luce lhe declara: "Com a ajuda de Deus, estou pronta para dar minha vida pelo Senhor" (Summ. 346), evocando o pacto de amor recíproco, fundado no mandamento novo de Jesus, que pede que nos amemos "como ele nos amou" (cf. Jo 13,34; 15,12).

Esse único corpo em que Chiara Luce está inserida se nutre de um único pão, a Eucaristia, Jesus, em seu dom supremo de seu corpo e de seu sangue. Em um povo peregrino, rumo à santidade, onde cada um se esforça, em sua vida cotidiana, para participar da paixão, morte e ressurreição de Jesus, de se doar aos outros e de servi-los, esse sacramento torna-se sinal de uma realidade que já existe. Ele pode, pois, realizar plenamente o que exprime, a saber, ser o instrumento de união de cada um na morte e na ressurreição do Cristo, e de união entre todos.

É "ação de graças", gratidão infinita, e significa que tudo é dom, tanto Jesus, que se doa em seu corpo e em seu sangue, quanto nossa resposta de amor, que se exprime na participação consciente nesse dom. Por essa razão, a Eucaristia é, para Chiara Luce, o ponto culminante de sua vida, o que lhe dá todo seu sentido. Ela a deseja ardentemente: "Como estou contente de que o senhor tenha vindo – diz ela ao padre que veio trazer-lhe a comunhão sem avisar. – Desde a manhã, não cesso de repetir: 'Vem, Senhor Jesus', e o senhor mo trouxe!" (Summ. 51).

Enfim, o que cada membro desse corpo vive tem uma repercussão sobre todos os demais: "Devo esforçar-me para não me subtrair à graça de Jesus, a fim de não causar dano a todo o resto do corpo". Aquilo a que Chiara Luce chama "a graça de Jesus" é sua doença e o amor de Jesus que a quer consigo na cruz. Ela quer acolher esse amor e secundá-la em uma passividade ativa, à imagem de Maria, que deixa Deus agir nela: "Faça-se em mim segundo a tua palavra" (Lc 1,38, BJ).

Na família Badano, pequena Igreja doméstica, cada um se esforça para deixar Deus agir, sem opor resistência à "graça de Jesus": Maria Teresa ajuda sua filha a permanecer em Deus, a fazer sua vontade, recorda-lhe suas resoluções, em uma relação não somente filial e maternal, mas também espiritual. Ela oferece sua filha e sua dor indizível de vê-la morrer.

Chiara Luce não é possessiva e se coloca no último lugar: "Mamãe, lembre-se de que, antes de mim, havia o papai" (P2, 387). Ruggero está longe de ser devedor quando se sente excluído da relação entre sua mulher e sua filha, que têm entre si grande afinidade espiritual:

> No começo, quando Chiara me pedia para deixá-la sozinha com sua mãe, eu não ficava contente. Depois, quando compreendi que não era uma falta de confiança em relação a mim, pus-me a rezar durante aqueles momentos, e minha oração consistia em pedir que entre elas duas a presença de Jesus fosse ainda mais forte. Eu pedia a Jesus que estivesse lá, entre elas, e que assumisse meu lugar (Summ. 154).

Ruggero é um vazio de amor onde o Espírito Santo pode entrar e renovar a face da terra.

Ao redor de Chiara Luce, cada um recebe e dá, assegura, aconselha. Chiara Luce encoraja um focolarino, na véspera de sua consagração definitiva: "Não se inquiete, tudo o que vivo é para você; vai adiante, está preparado" (Summ. 293). A alguém que lhe pergunta o que deve fazer com o dinheiro que ela acaba de lhe dar: "Escuta a voz do Espírito Santo, ele lhe dirá" (Summ. 46). À sua mãe, que lhe diz: "Quando você já não estiver aqui, estaremos perdidos. Que deverei fazer?". "Quanto a você, segue a Deus, e tudo está feito" (Summ. 48).

Vivendo para santificar esse corpo, Chiara Luce pode, com razão, definir-se esposa de Jesus, que deu sua vida pela Igreja e se entregou por ela (Ef 5,25), e preparar sua morte e seu sepultamento como núpcias. Contudo, antes de ser seu esposo pessoal, o Cristo que Chiara Luce vai encontrar é o esposo da Igreja, e ela vive plenamente a realidade da Igreja Esposa.

A Igreja vivente, amante e crente onde Chiara Luce vive para encontrar aquele que disse: "Eu sou a Vida", é, de acordo com a palavra de São Boaventura, "o acontecimento do amor recíproco" (Hexaméron, 1,4). O amor entre todos é, por sua vez, dom e acolhida do dom, serviço e gratidão. É uma Igreja que reproduz a imagem de Maria, a mãe de Jesus, a criatura que, mais do que ninguém, coopera com a redenção, tendo participado de maneira eminente no mistério do Cristo, da encarnação ao Pentecostes.

Desde antes da paixão de seu filho, ela comungou profundamente de seu abandono, pois o Evangelho no-la mostra, em diversas ocasiões, afastada por Jesus: "Que queres de mim, mulher?" (Jo 2,4; cf. Mc 3,34-35; Lc 11,27-28). Com efeito, aquela "que acreditou" (Lc 1,45) foi iniciada e educada por seu Filho para a fé ao longo de toda a sua vida. Ela é a verdadeira discípula. Ao pé da cruz, a "coberta de graça" torna-se a "cheia de fé". Ela crê que, na paixão de seu Filho, manifesta-se plenamente o sim de Deus à humanidade e assume com amor o sofrimento de cada ser humano.

Ela é também o ícone da resposta da humanidade que acolhe e se une à redenção, permitindo-lhe trazer todo o seu fruto. Não há dúvida de que entre Maria e Chiara Luce teceu-se um laço de mãe para filha, pois Chiara Luce, discípula de Jesus na fé, colocou-se, ela também, a serviço da redenção.

Assim, em uma comunidade onde cada um participa, segundo o que Deus lhe pede, do mistério da Páscoa, prolonga-se o mistério de Maria, a mãe dos que creem. Ali bate um coração de mãe pela humanidade, que jamais aliviou a sede de Deus e de sua mãe (cf. C. Lubich, PSp, 198).

DÉCIMO QUINTO DIA

Fruto abundante

Desejo que continue a nascer com outros esse relacionamento de amor e de unidade, para que a felicidade se multiplique, do mesmo modo que a presença de Deus no meio de nós (P2, 514).

Seja feliz, porque eu sou (Summ. 56).

A Igreja onde Chiarinha cresce e prepara suas núpcias com Jesus é também uma Igreja missionária, que participa das apostas da Igreja universal e do mundo. Bem jovem, em novembro de 1985, ela escrevia a Chiara Lubich: "Ofereci cada instante destes dias pelo Sínodo" (P2, 166-167), referindo-se ao sínodo dos bispos, convocado por ocasião do 20º aniversário do Concílio Vaticano II.

Ela comunga do ardente desejo de Jesus de reunir os filhos de Deus dispersos (cf. Jo 11,52). Conhece o caminho que ele tomou para compor a humanidade em unidade. Sabe que, por seu abandono, ele se uniu a toda pessoa humana e que cada um pode encontrar nele o modelo e o caminho para compor, segundo sua capacidade, a harmonia em torno de si e degustar a fonte pura da felicidade, que é a unidade.

Unida a seu esposo todo-poderoso (PSp, 143), Chiara Luce vive pela unidade dos homens com Deus e entre si. Ela tem também um fraco por aqueles que vivem uma separação, e busca reuni-los: quando pequenina, ela contribui para fazer voltar a serenidade entre sua avó e sua mãe (cf. Summ. 21). Bastante doente, convida um casal em dificuldade para ver com ela o filme *Fernão Capelo Gaivota*, sabendo que isso pode ajudá-los a reconstruir a relação. Em resumo, faz inteiramente sua pequena parte para que a humanidade que a rodeia seja um povo reunido na unidade do Pai, do Filho e do Espírito (cf. LG 4).

Ela vive e oferece-se, também, a fim de que aqueles que estão comprometidos sejam coerentes com sua escolha, e convida os jovens do movimento Focolari a viver de maneira radical (Summ. 400). Mas queria chegar até os jovens do mundo inteiro:

> Mamãe, os jovens representam o futuro. Quanto a mim, já não posso correr, mas eu gostaria de passar-lhes a tocha, como nos Jogos Olímpicos. Eles têm apenas uma vida, e vale a pena bem vivê-la (P2, 362).

De maneira particular, ela orienta-se a rezar e a amar, a viver por aqueles que não têm fé. Foi uma ordem dada por Chiara Lubich, que ela tomasse a peito, porque sabe que eles não têm a alegria de se sentirem amados por Deus (cf. P2, 189). Desde novembro de 1983, ela escreve a Chiara Lubich:

> Compreendi que posso encontrar Jesus abandonado naqueles que estão longe, nos ateus, e que devo amá-los de maneira particular, sem nada pretender (P2, 130).

Em junho de 1984, no final de um congresso internacional Gen 3, ela grava uma mensagem para Chiara Lubich, dizendo-lhe:

> Quero levar [nosso] ideal a todas as pessoas que estão longe de Deus; sei que será mais difícil

em casa, mas, ao dizer-lhe isso, eu me comprometo e conseguirei (Summ. 281).

Alguns dias antes de sua morte, sua amiga Chicca anota esta frase: "Ofereço tudo pela Assembleia [a Assembleia do movimento dos Focolari, que se reúne a cada seis anos para eleger a presidente e os responsáveis centrais] e por aqueles que estão longe de Deus" (Summ. 56).

Fato bastante extraordinário, um dos mais belos livros sobre Chiara Luce foi escrito por um agnóstico, que continua a tecer com ela uma relação póstuma de diálogo. Vejamos nisso o sinal de que a Igreja, imersa nas realidades humanas, traz até aí um germe de salvação, mas recebe igualmente delas um enriquecimento. A própria Chiarinha sublinha-o: "Às vezes eles são melhores do que nós" (Summ. 56).

Um dos segredos de sua felicidade, de que nos falam as duas frases citadas na introdução, decorre da escuta da Palavra de Deus e de sua prática: "Bem-aventurados antes os que ouvem a Palavra de Deus e a observam" (Lc 11,28).

A que Chiarinha observa entre todas é o versículo que Chiara Lubich lhe propôs a fim de que ela nele se refletisse e que se tornasse o espelho e a síntese de sua vida: "Aquele que permanece em mim e no qual eu permaneço, esse produzirá fruto em abundância, pois, separados de mim, nada podeis fazer" (Jo 15,5).

Ela observa também o mandamento do amor recíproco, que constitui a evangelização por excelência: "Nisto todos reconhecerão que sois meus discípulos: no amor que tiverdes uns para com os outros" (Jo 13,35).

Outra bem-aventurança a caracteriza: a da fé na ressurreição já em germe em cada sofrimento. De fato, o Evangelho promete essa felicidade: "Bendita aquela que creu" (Lc 1,45). A mensagem que ela nos transmite é, em última análise, uma mensagem de felicidade na fé. Ela nos impõe sermos felizes como ela: "Seja feliz, porque eu sou". Ela nos indicou o caminho.

Assim, enraizada nas palavras de vida eterna (Jo 6,28), produziu fruto em abundância e atingiu o mundo inteiro, segundo o desejo que Chiara Lubich formulava aos jovens, especialmente para os Gen 3: "Enxerga mais longe [do que tua cidade]: teu país, o dos outros, o mundo inteiro..." (PSp, 157-158).

Eu creio... amém

"Bem-aventurados os que não viram e, contudo, creram" (Jo 20,29). E, no entanto, ousaríamos dizer que Chiara Luce teve uma visão clara da verdade, como o promete Agostinho de Hipona aos que perseverarem na fé: "Nossa perseverança na fé nos conduzirá das sombras da fé à visão clara da verdade" (Comentário ao evangelho de João, XL, 1). De resto, não é esse o sentido preciso de seu nome, Chiara Luce? Tendo sido testemunha de que, ao unir-nos ao sofrimento de Jesus, nos unimos à sua ressurreição, ela teve uma luz clara dos outros artigos do Credo, que daí decorrem logicamente.

Creio na santa Igreja Católica: Chiara Luce vive a gestação que a prepara para a vida contida na santidade de uma Igreja que deve sempre purificar-se. Ela vive de maneira eminente a comunhão dos santos no Espírito, em uma Igreja-comunidade onde cada um vive, se doa, recebe, para que o Cristo, no meio de todos, seja vivo e operante.

Quando escreve aos jovens que estão na linha de frente para levar o ideal da unidade: "Em minha imobilidade, a marcha de vocês" (P2, 354), ela exprime, por esse contraste, a lógica nova na qual entrou à maneira de São Paulo: "Assim, a morte age em nós, mas a vida, em vós" (2Cor 4,12).

Unida a Jesus, que tomou sobre si o pecado do mundo, oferece seus pecados e assume os dos outros; crê na remissão dos pecados. Exprime sua fé na ressurreição da carne, quando aceita, sem dificuldades, a decadência de seu corpo e o quer coberto com um vestido de noiva. Esposa daquele que tem "palavras de vida eterna", já possui a vida eterna, que consiste em conhecer o Pai e seu enviado, Jesus Cristo (cf. Jo 17,3). Ela o experimenta quando o amor circula entre todos e pede à sua mãe para não estragar a surpresa, contando-lhe antecipadamente quem virá a seu encontro quando chegar ao paraíso.

Na Chiara Luce da fé, ela nos passa a tocha de seu amor e nos convida a repetir com ela: Vem, Espírito Santo, vem, Senhor Jesus!

Para ir mais longe

Biografias de Chiara Luce Badano

CHIARA LUCE BADANO, un magnifique dessein, *DVD, 43',* réalisation maria Amata Calò, diffusion Nouvelle Cité.

CORIASCO, F. Chiara Luce, 18 ans d'une vie lumineuse, *Revue Nouvelle Cité*, 2010.

ZANZUCCHI, M. Un sourire de paradis, les 18 ans de vie de Chiara Luce, *Revue Nouvelle Cité*, 2001.

Entre as obras de Chiara Lubich

Pensée et Spiritualité, textes choisis para Michel Vandeleene, *Revue Nouvelle Cité*, 2003.

Méditations, *Revue Nouvelle Cité*, 2001.

Lettres des premiers temps, 1943-1949, introdução, apresentação e escolha de textos por F. Gillet et G. D'Alessandro, *Revue Nouvelle Cité*, 2010.

Sobre Chiara Lubich
e a espiritualidade dos Focolari

FORESI, P. Qu'est-ce prier? *Revue Nouvelle Cité*, n. 517, jan. 2008, p. 25.

GILLE, F. Prier 15 jours avec Chiara Lubich, *Revue Nouvelle Cité*, 2009.

TORNO, A., Chiara Lubich, Une vie au servie de l'unité de la famille humaine, *Revue Nouvelle Cité*, 2011.